O ORÇAMENTO DA SEGURANÇA SOCIAL

ENQUADRAMENTO DA SITUAÇÃO FINANCEIRA
DO
SISTEMA DE SEGURANÇA SOCIAL PORTUGUÊS

NAZARÉ DA COSTA CABRAL
Assistente da Faculdade de Direito de Lisboa

O ORÇAMENTO DA SEGURANÇA SOCIAL

ENQUADRAMENTO DA SITUAÇÃO FINANCEIRA
DO
SISTEMA DE SEGURANÇA SOCIAL PORTUGUÊS

ALMEDINA

O ORÇAMENTO DA SEGURANÇA SOCIAL

AUTOR
NAZARÉ DA COSTA CABRAL

EDITOR
EDIÇÕES ALMEDINA, SA
Rua da Estrela, n.º 6
3000-161 Coimbra
Tel.: 239 851 904
Fax: 239 851 901
www.almedina.net
editora@almedina.net

EXECUÇÃO GRÁFICA
G.C. – GRÁFICA DE COIMBRA, LDA.
Palheira – Assafarge
3001-453 Coimbra
producao@graficadecoimbra.pt

Maio, 2005

DEPÓSITO LEGAL
226210/05

Toda a reprodução desta obra, por fotocópia ou outro qualquer processo,
sem prévia autorização escrita do Editor,
é ilícita e passível de procedimento judicial contra o infractor.

*Ao Mário
e aos nossos filhotes,
Luísa e Manel.*

NOTA PRÉVIA

O texto que agora se publica é o resultado de um conjunto de estudos realizados nos últimos anos, nos domínios das Finanças Públicas e da Segurança Social e da participação em projectos de investigação e de regulamentação, sobretudo nesta última área. Em especial, deve-se à leitura do texto do Dr. Jorge Costa Santos, *O Enquadramento do Orçamento da Segurança Social*, o ponto de partida para as reflexões e opiniões agora expressas neste trabalho, tendo em conta, desde logo, o facto de muitas das questões suscitadas por aquele autor, ainda durante a vigência da anterior Lei de Enquadramento do Orçamento do Estado, não terem sido, apesar das inúmeras melhorias, completamente respondidas com a actual Lei. Outras pistas e ideias para a presente investigação resultaram, ainda aquando da vigência da anterior Lei de Bases do Sistema de Solidariedade e Segurança Social (Lei n.º 17/2000, de 8 de Agosto) e no quadro do processo de respectiva regulamentação, da participação da autora nos trabalhos da Comissão Técnica para os Aspectos do Financiamento da Segurança Social, presidida pelo Dr. Pedro Marques e de onde resultou a avaliação do impacto, no nosso sistema de protecção social, de um conjunto diversificado de constrangimentos económicos, demográficos e até legais (como fica expresso no Relatório aprovado e publicado no fim desses trabalhos e ao qual se fará também referência). À importância e qualidade destes dois textos se deve, pois, em boa medida a iniciativa do que ora se apresenta.

Para além deles, fica uma palavra de agradecimento aos alunos do 1.º curso de pós-graduação em Finanças do Sector Público, ministrado pelo Instituto de Direito Económico, Financeiro e Fiscal da Faculdade de Direito de Lisboa (ano lectivo de 2003-2004), na disciplina de Finanças da Segurança Social. A eles se deve, em grande parte, o entusiasmo posto neste trabalho, em virtude das suas questões muito pertinentes e das discussões muito frutuosas que, durante todo o 1.º semestre de 2004, foi possível manter.

Centrado no Subsector da Segurança Social, o texto em apreço é essencialmente de Direito Financeiro. A este propósito, cumpre, por isso, evocar a memória e prestar, ainda que singelamente, a homenagem devida ao Professor Doutor António Luciano de Sousa Franco, uma das maiores referências no domínio das Finanças Públicas e do Direito Financeiro. Enquanto sua aluna e assistente na Faculdade de Direito de Lisboa, a autora fica a dever à grande qualidade das suas prelecções e obra escrita, o gosto e o interesse crescentes por estas matérias. O seu saber e integridade, o seu espírito de iniciativa e de inovação constituirão, agora como sempre, exemplo e incentivo de trabalho.

Lista de Abreviaturas

CIEF	–	Centro de Investigação de Economia Financeira (do Instituto Superior de Economia e Gestão da Universidade Técnica de Lisboa)
CISEP	–	Centro Investigação sobre Economia Portuguesa (do Instituto Superior de Economia e Gestão da Universidade Técnica de Lisboa)
FEDEA	–	Fundacion de Estudios de Economia Aplicada
FEFSS	–	Fundo de Estabilização Financeira da Segurança Social
IGFCSS	–	Instituto de Gestão dos Fundos de Capitalização da Segurança Social
IGFSS	–	Instituto de Gestão Financeira da Segurança Social
IPC	–	Índice de Preços ao Consumidor
LBSSS	–	Lei de Bases do Sistema de Segurança Social
LEO	–	Lei de Enquadramento Orçamental
LEOE	–	Lei de Enquadramento do Orçamento do Estado
OCDE	–	Organização para a Cooperação e Desenvolvimento Económico
OE	–	Orçamento do Estado
OIT	–	Organização Internacional do Trabalho

OSS — Orçamento da Segurança Social

PEC — Pacto de Estabilidade e Crescimento

PIDDAC — Programa de Investimentos e Despesas de Desenvolvimento da Administração Central

RESSAA — Regime Especial de Segurança Social das Actividades Agrícolas

RMG — Rendimento Mínimo Garantido

RNCE — Regime Não Contributivo e Equiparados

SCS — Sistema de Contabilidade Social

SMN — Salário Mínimo Nacional

SPA — Sector Público Administrativo

UEM — União Económica e Monetária

Introdução

O presente trabalho pretende, antes de mais, analisar o modo como, actualmente, o Orçamento da Segurança Social (OSS) é preparado e organizado e, concretamente, o modo como as receitas e despesas do sistema de segurança social se encontram inscritas e especificadas, atendendo às regras formuladas quer na actual Lei de Enquadramento Orçamental (LEO)[1], quer na Lei de Bases do Sistema de Segurança Social (LBSSS)[2]. Se é verdade que, muitas das incompletudes e lacunas resultantes do anterior enquadramento legal (constante sobretudo da Lei n.º 6/91, de 20 de Fevereiro, a anterior Lei de Enquadramento do Orçamento do Estado – LEOE) foram superadas com a aprovação da actual LEO, não é menos certo que continuam a verificar-se algumas incsuficiências no domínio da especificação do orçamento da Segurança Social, quer do lado do(s) mapa(s) da receita quer do lado do(s) da despesa e, acima de tudo, a subsistência de algumas incongruências entre o disposto nesta Lei e o que – em matéria financeira ou orçamental – resulta da muito recente LBSSS. Verificamos, por exemplo, que o princípio da *adequação selectiva*, princípio essencial à boa gestão financeira dos recursos da Segurança Social, encontra, apesar das melhorias verificadas, uma ainda inacabada expressão aquando da feitura e organização do próprio orçamento do Estado e, por conseguinte, do da segurança social.

---

[1] Lei n.º 91/2001, de 20 de Agosto, com as alterações introduzidas pelas Lei Orgânica n.º 2/2002, de 28 de Agosto, pela Lei n.º 23/2003, de 2 de Julho e pela Lei n.º 48/2004, de 24 de Agosto.

[2] Lei n.º 32/2002, de 20 de Dezembro.

Paralelamente e, porventura, de outra gravidade, tem sido a ainda deficiente revelação da situação financeira da segurança social, a qual, atenta a sua natureza ou dimensão plurianual, dificilmente se compadece com a demonstração orçamental circunscrita ao período anual, incapaz pois de revelar, com toda a compreensão, significado e verdade, a situação financeira deste importante subsector institucional do Estado. Este óbice não tem sido, até aqui, ultrapassado pelo facto de se fazer acompanhar a proposta de lei do Orçamento do Estado (OE) de um conjunto de relatórios, de carácter informativo e de fundamentação, de entre eles o referente à situação financeira (presente e futura) da Segurança Social. Isto porque, até ao presente, a organização do Orçamento da Segurança Social tem obedecido à técnica tradicional da orçamentação de meios, quando seria desejável que se avançasse, de forma mais convicta, para uma orçamentação por programas das despesas da segurança social, "retratando" assim mais adequadamente aquela situação.

A recente alteração à LEO, com a aprovação da Lei n.º 48//2004, aponta claramente para o reforço da técnica da *programação* na orçamentação das despesas do Estado, de investimento mas não só, o que abre boas perspectivas à implementação paulatina, relativamente ao sistema de segurança social, de novas formas de previsão e de discriminação. Como aspecto fundamental, assistimos agora, também, à consagração de um princípio inovador entre nós, o da *equidade intergeracional*, e que vem doravante obrigar o legislador, o Governo e a Administração Pública, a levar em linha de conta (*maxime* aquando da preparação do Orçamento e para certo e determinado tipo de despesas, como são as despesas com pensões) a distribuição equitativa de benefícios e custos entre gerações. Finalmente, a LEO parece, agora, apostada em tornar mais clara e efectiva a articulação entre o *planeamento económico-social* (no seu sentido mais lato) e a orçamentação, o que aponta também para novas formas de enquadramento plurianual da generalidade das despesas e receitas do Estado, o mesmo é dizer, a novas formas de racionalizar, justificar e legitimar as decisões financeiras expressas afinal, anualmente, no Orçamento do Estado.

Ora, estas alterações abrem o caminho, no que toca ao *universo* da Segurança Social, para a eventual consagração, entre nós, de modelos originais de enquadramento *plurianual* das receitas e das despesas com a protecção social e que já vêm sendo testados em outros países. Um dos modelos, já sugerido no decurso dos trabalhos desenvolvidos no seio da OIT[3], que permite a visualização, no curto, mas também no médio-longo prazo, das diferentes variáveis (económicas, demográficas...) que condicionam os sistemas de protecção social e, bem assim, da evolução das respectivas receitas e despesas, é o modelo da *orçamentação social* (*Social Budgeting*) e que é, como veremos, marcado por técnicas e objectivos retirados do planeamento e da programação.

Este texto pretende fazer, em suma, por um lado, uma análise evolutiva e descritiva da legislação aplicável no domínio da *orçamentação* das receitas e despesas com a protecção social e, por outro, uma apreciação crítica de algumas das insuficiências (e até incongruências) que a este nível ainda se verificam, pesem os avanços verificados nos últimos anos no domínio, designadamente, do enquadramento orçamental. Pretende-se, por fim, deixar algumas notas sobre eventuais perspectivas de evolução futura, tendo por base a necessidade de fazer do OE o espelho mais adequado, pela sua publicitação e ampla divulgação, do estado financeiro da Segurança Social, presente e futuro. Contribuindo-se assim quer para uma maior transparência na revelação daquela situação financeira, quer para uma maior pon-

---

[3] Organização Internacional do Trabalho.

deração e racionalidade na tomada de decisões financeiras que incidam especificamente sobre a Segurança Social, atento o seu impacto plurianual e plurigeracional, quer, ao fim e ao cabo, para uma outra responsabilização política na tomada de decisões, cujos maiores e mais significativos efeitos – neste caso – se fazem sobretudo sentir por gerações seguintes ou, ao menos, em anos vindouros.

PARTE I

O ORÇAMENTO DA SEGURANÇA SOCIAL

1. Noção

O termo «orçamento da Segurança Social» (OSS) tem sido comumente empregue para significar o conjunto das receitas e despesas do sistema de segurança social, incluindo as despesas de administração ou de funcionamento dos serviços com atribuições e competências nesta área. Todavia, surge aqui, desde logo, a primeira dificuldade: embora, nos termos do n.º 1 do artigo 115.º da LBSSS, se determine que a estrutura orgânica do sistema de segurança social compreende, quer os serviços integrados na administração directa do Estado, quer serviços e fundos autónomos ora denominados «instituições da segurança Social», a verdade porém, é que, como melhor veremos adiante, no OSS, continuam a figurar quase simplesmente as receitas e despesas destas últimas, ao passo que as receitas e despesas dos primeiros são inscritas e especificadas, diversamente, nos mapas referentes à Administração Central Directa do Estado (mapas I a III).

Desta forma, o orçamento da Segurança Social corresponderá, hoje, ao conjunto de receitas e despesas inscritas e especificadas nos Mapas X a XIV do Orçamento do Estado (*ex vi* artigo 32.º da LEO[4]), de acordo, em todos os casos, com a classificação económica, excepto no que diz respeito ao Mapa XI, referente à classificação funcional. Assim, os Mapas X e XI correspondem às receitas e despesas do sistema da segurança

---

[4] A indicação dos artigos da LEO corresponde já à renumeração levada a cabo pela Lei n.º 48/2004.

social, ao passo que os Mapas XIII e IV desagregam, respectivamente, as receitas e despesas de cada subsistema[5], sempre de acordo com a classificação económica.

Mas, para além destes, algumas despesas realizadas no âmbito ou pelo sistema da segurança social aparecem, dada a sua natureza e especial fonte de financiamento, discriminadas noutra(s) sede(s), a saber, nos Mapas XV e XV-A, respeitantes ao Programa de Investimentos e Despesas de Desenvolvimento da Administração Central (PIDDAC) e no Mapa XVI, relativo a (outros) programas.

Por tudo isto, bem se vê, pese a sua autonomização no plano material[6], o «orçamento» da segurança social encontra-se hoje – desde 1984, na sequência da revisão constitucional de 1982 – plenamente integrado no OE (assim, nos termos do n.º 2 do artigo 105.º da Constituição), aplicando-se pois à respectiva elaboração, organização, aprovação, execução e fiscalização, as mesmas exigências legais que são impostas aos orçamentos dos serviços integrados e autónomos do Estado (*vide* artigo 1.º da LEO).

Na verdade, a tendência delineada desde 1982 aponta claramente para uma progressiva *orçamentação* das receitas e despesas

---

[5] De acordo com o n.º 1 do artigo 5.º da LBSSS, o Sistema de Segurança Social compreende o sistema público de segurança social, o sistema de acção social e o sistema complementar, sendo que o primeiro inclui os subsistemas previdencial, de solidariedade e de protecção à família (n.º 2).

[6] Na verdade, sendo certo que é aplicável, no domínio da elaboração do OE, a regra da unidade (assim, n.º 1 do artigo 106.º da Constituição e artigo 5.º da LEO), é preciso não descurar este seu duplo sentido, o da unidade em sentido *formal* e o da unidade em sentido *material*. Ora, deve reconhecer-se que a regra da unidade referente à lei do orçamento e à publicação do OE apenas é aplicável em sentido formal. Neste sentido, Jorge Costa Santos (coord.), *Reforma da Lei do Enquadramento Orçamental,* Ministério das Finanças, 1998, pp. 232 e 233.

respeitantes à protecção social, o que se faz sentir não apenas em termos estritamente formais, mercê daquela dita integração do OSS no OE, mas também em termos substantivos, pela extensão paulatina ao "universo" da segurança social, com a vigência sucessiva da anterior LEOE e da actual LEO, das regras e exigências já antes aplicáveis aos outros entes da Administração Central, quer no tocante à elaboração e organização dos respectivos orçamentos, quer quanto à sua execução[7].

Esta evolução reflecte, por um lado, uma crescente preocupação de transparência, publicitação e rigor na gestão dos dinheiros da segurança social, «pondo de lado o sistema de secretismo e de mera aprovação administrativa dos orçamentos e das contas da previdência que até então vigorava e sujeitando a segurança social à autorização política»[8]. Mas, por outro lado, esta tendência foi consonante e concomitante com a reafirmação e concretização dos princípios constitucionais da *universalidade* no acesso à protecção social e do *primado sector público* na gestão financeira da segurança social (n.ᵒˢ 1 e 2 do artigo 63.º da Constituição)[9] [10].

---

[7] De notar, por exemplo, que, até aprovação da actual LEO, era aprovado, anualmente, um decreto-lei de execução do OSS, diferente do decreto-lei de execução orçamental aplicável à restante administração central. Agora e por força do disposto no n.º 3 do artigo 43.º daquela Lei, cabe ao Governo aprovar um único decreto-lei de execução orçamental, que contenha, pois, as disposições necessárias à execução da Lei do OE, incluindo o da Segurança Social.

[8] Assim, A.L. de Sousa Franco, *Finanças Públicas e Direito Financeiro,* Vol. I, Almedina, 1996, p. 182.

[9] E mesmo em países de forte tradição *laborista*, isto é, com sistemas de segurança social de gestão paritária e autónoma face ao sector público e com orçamentos da segurança social à margem do Orçamento Nacional (de que o caso francês constitui porventura o maior exemplo) se tem assistido, nos últimos anos, à crescente *publicização* do financiamento e da gestão da Segurança Social e, por via desse facto, à orçamentação das suas

receitas e despesas e respectivo controlo parlamentar. Sobre esta tendência, Rémi Pellet, *Étatisation, fiscalisation et budgétisation de la Sécurité Sociale*, in Droit Social, n.º 3, 1995, p. 299 ss..

[10] Esta tendência – a da *orçamentação* e *publicização* da segurança social – põe, por sua vez, em crise a própria natureza *parafiscal* das contribuições sociais e até, no nosso país, a razão de ser ou utilidade "conceptual" da própria *parafiscalidade* (já que este – o dos *tributos sociais* – seria, nos tempos actuais, o seu campo prevalecente de manifestação). Na verdade, a doutrina nacional e estrangeira, sempre apontou, em favor da natureza parafiscal deste tributos, a verificação necessária de alguns elementos característicos (ainda que não cumulativamente). Assim: (i) tratar-se de contribuições de natureza coactiva, exigidas por via de autoridade; (ii) em favor de organismos autónomos (no sentido da sua independência em face do Estado e, no limite, da sua natureza privada), de base não territorial; (iii) afectas a fins específicos de ordem económica, social ou outra; (iv) ficando fora do orçamento. Ora, a primeira característica não é exclusiva das contribuições sociais, antes sendo elemento comum a todos os tributos. A segunda está hoje, entre nós, posta em causa, pela natureza inequivocamente pública das instituições da Segurança Social (contrariamente ao que sucedia com as antigas «caixas de previdência»), designadamente do Instituto de Gestão Financeira da Segurança Social que é quem tem competência para proceder à cobrança e arrecadação da receita das contribuições sociais. Quanto à terceira, é duvidoso que, hoje, perante a afectação das receitas do OSS e das próprias contribuições sociais a um conjunto tão diversificado de prestações e até a outros fins que não apenas os fins tradicionais da cobertura dos riscos sociais (v.g. objectivos de solidariedade laboral e políticas activas de emprego e de formação profissional), se possa falar a este propósito, em bom rigor, de afectação ou de consignação das contribuições sociais a certo e dado tipo de despesa. Isto, sem prejuízo de ser a própria LEO a considerar – pensamos que de forma algo imprópria – a afectação das receitas de cada subsistema da Segurança Social às despesas respectivas, como excepções à regra da não consignação (cf. alínea c) do n.º 2 do artigo 7.º). Quanto à última característica apontada – a da desorçamentação das receitas e despesas com a protecção social –, ela hoje já não tem tradução no nosso ordenamento jurídico. Sobre as características da parafiscalidade e concretamente dos tributos parafiscais *sociais*, veja-se Rogério

Não obstante tudo isto, a gestão financeira do sistema de segurança social continua a conhecer importantes especificidades e é marcada por uma muito intensa autonomia (a saber, no plano orçamental, patrimonial e de tesouraria).

Assim, no que toca à preparação e elaboração do OSS, ela é cometida fundamentalmente ao Instituto de Gestão Financeira da Segurança Social (IGFSS), a quem cabe, por outro lado, assegurar a cobrança das contribuições sociais, controlando ainda a arrecadação das demais receitas afectas às despesas com a protecção social e acompanhar, junto dos demais serviços e organismos desta área, a execução orçamental, designadamente para o efeito da elaboração da conta da segurança social. De notar ainda que o IGFSS tem ainda importantes competências na área do património da segurança social, que é, aliás, de relevante expressão económico-financeira, cabendo-lhe a gestão e administração dos bens e direitos de que seja titular.

Pese embora a LEO tenha acentuado a exigência de uma *tesouraria única* do Estado, a cargo do Tesouro, a verdade é que, para o Sistema da Segurança Social, se entendeu necessário e justificado manter a distinção e especificidade (unicidade) da respectiva tesouraria, cometida ao IGFSS (cf. n.os 4 a 6 do artigo 48.º).

De notar, por fim, que a aprovação de um novo Plano Oficial da Contabilidade Pública (pelo Decreto-Lei n.º 232/97, de 3 de Setembro), instituindo critérios contabilísticos tendencial-

---

M. Fernandes Ferreira, *Âmbito de Reserva de Lei Tributária – as contribuições para a Segurança Social,* UCP, 1988, pp. 52 e 53. Justamente a propósito da crescente "tributarização" das contribuições sociais afirma, com propriedade, SOUSA FRANCO terem elas, «nos últimos anos convergido com as típicas receitas fiscais: legalidade, orçamentação, afectação a uma amplíssima categoria de despesas (as do orçamento da segurança social), integração (após 1984) deste no orçamento do Estado...», *Finanças do Sector Público – Introdução aos Subsectores institucionais,* A.A.F.D.L., 1991, p. 156.

mente uniformes para toda a Administração Central (incluindo os fundos e serviços autónomos), não obstou, ainda assim, à aprovação do Plano Oficial da Contabilidade das Instituições da Segurança Social (pelo Decreto-Lei n.º 12/2002, de 25 de Janeiro), evidenciando-se, de novo, as respectivas especificidades de execução orçamental e de gestão.

2. A organização do Orçamento da Segurança Social; a especificação das receitas e despesas com a protecção social

2.1. A situação até 2001

Até 2001 (ano da aprovação da actual LEO), poder-se-á dizer que a estrutura e organização do OSS se encontrava silenciada na legislação supostamente aplicável, a começar pela Lei n.º 6/91. Assim, pese a inclusão do OSS no OE, em resultado da revisão constitucional de 1982, o que veio ditar a necessidade de extensão àquele orçamento do enquadramento legal referente a determinados aspectos previstos expressamente na Constituição[11] (organização, elaboração, votação e aprovação, execução e alteração do Orçamento), a verdade é que as leis de enquadramento orçamentais posteriores (de 1983 e de 1991) mantiveram um silêncio quase total sobre esta matéria.

Dir-se-á que o legislador ordinário não soube ou não quis ousar enfrentar um "universo" muito próprio, habituado durante anos a viver independente do restante sector público, já que marcado por importantes especificidades financeiras e autonomias gestionárias, financiado por receitas tributárias de natureza híbrida e realizando despesas impregnadas de uma

---

[11] Actuais artigos 105.º e 106.º.

relevância social que sempre as nobilitou perante as demais. Em suma, o sector da Segurança Social conseguiu manter, pese o enxerto do seu orçamento, por pressão constitucional, no do Estado, mais do que autonomia, uma verdadeira independência – no plano substantivo – e foi avesso desde logo à "invasão" de princípios estruturantes de direito orçamental (designadamente no campo da organização e da estruturação dos orçamentos públicos). E, por seu lado, também o Estado teve, ele mesmo, medo de se imiscuir naquele, resistindo a enquadrá-lo, a regulá--lo e até, durante largos anos, a (co)financiá-lo.

Isso explica em grande medida, por exemplo, que no que respeita à especificação das receitas e despesas com a protecção social, o OSS apresentasse uma configuração própria, distinta das "outras" especificações de receitas e de despesas vertidas nos mapas da Lei do OE[12]. Na verdade, a estrutura do OSS (vertida no então mapa X) assentava numa discriminação *autónoma* de receitas e despesas, distinguindo, quanto às receitas, fundamentalmente, as provenientes de contribuições sociais e de outras fontes e baseando-se, quanto às despesas, «numa classificação das categorias de beneficiários da segurança social, ao enquadrar as despesas em função das "populações" a que se destinam (v.g «infância e juventude», «família e comunidade» e «terceira idade») e, finalmente, identificando as diversas prestações existentes»[13].

O mapa que continha o OSS apresentava, pois, como muito bem caracterizou JORGE COSTA SANTOS, «uma estrutura *ad hoc*,

---

[12] Que obedecem a modelos internacionalmente definidos ou aceites, como a classificação "standard" *Government Finance Statistics* (a classificação económica) estabelecida pelo Fundo Monetário Internacional e a classificação das Nações Unidas *Functions of Government* (a classificação funcional). Sobre esta questão, com maior detalhe, *vide* OCDE, *Managing Public Expenditure – A reference book for transition countries,* 2001, pp. 121-124.

[13] Assim, JORGE COSTA SANTOS, *Reforma da lei....*, *ob.cit.,* p. 404.

que, não gozando de qualquer cobertura na Lei de Enquadramento» era passível de crítica, «quer por não desagregar suficientemente as receitas nele inscritas, quer por não colocar em relevo as relações entre as receitas e as despesas dos diversos regimes da Segurança Social, quer, ainda, por estas últimas se agruparem por "populações-alvo" ou grupos de utentes, de acordo com uma lógica tributária de uma ultrapassada concepção assistencialista da protecção social pública»[14].

Idênticas omissões[15] ocorriam, por seu turno, relativamente a outros momentos fundamentais da "vida" do OSS, tais como o da respectiva execução e o das alterações orçamentais[16].

---

[14] Nestes termos, Jorge Costa Santos, *O enquadramento do Orçamento da Segurança Social,* in Seminário Direito da Segurança Social, Tribunal de Contas, 2000, pp. 29 e 30.

[15] Na verdade, segundo Jorge Costa Santos, a falta de enquadramento, na constância da vigência da Lei n.º 6/91, dos aspectos atinentes à organização / estrutura, execução e alterações do OSS configurava uma autêntica inconstitucionalidade por omissão, por falta de cumprimento da imposição concreta de legislar decorrente do n.º 1 do artigo 106.º da Constituição, exigindo-se, por conseguinte, do legislador, o reenquadramento urgente do orçamento (e da conta) da segurança social. Assim, em *O enquadramento do Orçamento...*, ob.cit., pp. 80 e 81.

[16] Esta mesma incompletude ou insuficiência foi notada, em Espanha, pelo menos até meados dos anos oitenta. Por exemplo, para Juan Viñas Peya, as diferenças fundamentais entre o orçamento do Estado e o da Segurança Social centravam-se, nomeadamente, nos seguintes pontos: «un desarrollo normativo menos abundante y mucho mas reciente en la Seguridad Social que en el Estado. No obstante, en estos ultimos anos se está observando un proceso de contínuo desarrollo y acercamiento de la normativa de la Seguridad Social a la del Estado; menor rango juridico de las normas que regulam las mismas materias en la Seguridad Social, o que autorizan la realización de determinadas actuaciones...». Assim, Juan Viñas Peya, *El presupuesto de la Seguridad Social: problematica,* in Presupuesto y Gasto Publico, n.º 17, 1983, p. 114.

2.2. A situação após 2001

2.2.1. A Lei de Enquadramento Orçamental

Aquele estado de coisas mudou consideravelmente com a aprovação, em 2001, da nova LEO. Esta mudança traduziu-se não apenas numa verdadeira reforma do enquadramento orçamental no nosso país, aproximando o nosso regime de outros, há já muito instituídos, nos países mais desenvolvidos[17], como

---

[17] Já em outro momento, tivemos oportunidade de salientar as principais inovações (positivas) resultantes desta Lei. Dissemos, então, que, com ela, se pretendeu instituir «... um acervo de regras que, a um tempo, permitam reforçar o princípio da *democracia financeira*, garantindo um exercício efectivo e esclarecido do poder orçamental pelos órgãos do Estado democrático constitucionalmente competentes e garantir a maior transparência das decisões financeiras, outra clareza e precisão na gestão dos dinheiros públicos e um acrescido rigor e veracidade das contas públicas. Assim, constitui, desde logo, uma das mais importantes novidades, o estabelecimento de regras de elaboração dos orçamentos, comuns a todos os subsectores do Sector Público Administrativo (daí ser Lei de Enquadramento Orçamental), a saber, o Estado, regiões autónomas, autarquias locais e respectivos fundos e serviços autónomos e, bem assim, a Segurança Social, ao invés do que antes sucedia, pois que a anterior Lei se confinava ao Orçamento do Estado. Outro aspecto de grande relevância respeita à clarificação de regras, princípios e instrumentos de elaboração orçamental e de execução financeira que, conquanto há já muito fizessem parte do nosso ordenamento jurídico-financeiro, tendo sido sedimentados pela doutrina e jurisprudência, em particular do Tribunal Constitucional, não mereciam consagração legal expressa, tais como, por exemplo, o sistema de gerência, as despesas obrigatórias decorrentes de vinculações externas do Orçamento, os desenvolvimentos orçamentais, o direito de emenda dos deputados em relação à proposta de lei do orçamento, o processo de alterações orçamentais, o princípio da segregação de funções, o período complementar de execução orçamental e a distinção entre contas próprias dos serviços e contas gerais. Procede-se a um tratamento mais rigoroso dos benefícios fiscais, impondo-se claramente a sua especificação orçamental. É ainda

acarretou, pela primeira vez, um efectivo enquadramento e regulamentação dos aspectos atinenentes à organização, preparação, aprovação, execução, alterações e fiscalização do OSS. Pela primeira vez, portanto, se assumiu a necessidade de se estabelecer, de forma expressa, um quadro detalhado e minucioso deste Orçamento, estendendo-se-lhe inequivocamente um conjunto de regras (designadamente as regras orçamentais "clássicas") que devem ser aplicadas a todos os serviços e organismos do sector Estado e restantes subsectores institucionais[18] e reconhecendo-se-lhe as especificidades que podem e devem aí ter lugar e que, por isso mesmo, devem ser devidamente acauteladas, previstas e reguladas.

A primeira e principal novidade que resulta da LEO prende-se justamente com a organização do OSS, ou seja, com a regra da especificação orçamental. Como atrás se referiu, a LEO (artigos 27.º e 32.º) estabelece agora que a especificação das receitas globais do sistema se faça segundo a classificação económica, discriminando-se, por seu turno, as despesas globais segundo esta e também segundo a classificação funcional. Já no que toca às receitas e despesas de cada subsistema, a especificação far-se-á

---

expressamente consagrada a regra da unidade de tesouraria e reforça-se os poderes de fiscalização do Parlamento sobre a execução orçamental, ao impor-se nomeadamente ao Governo a obrigação de informar a Assembleia, de forma sistemática e regular, sobre o modo como vai executando o orçamento. Por último, dá-se nova e renovada atenção ao domínio das infracções financeiras, em caso de incumprimento de regras de gestão dos dinheiros públicos, prevendo-se a responsabilização financeira dos respectivos agentes». Assim, Nazaré da Costa Cabral, O recurso ao crédito das autarquias locais portuguesas, A.A.F.D.L., Lisboa, 2003, p. 41-43.

[18] Assim, as Regiões Autónomas, as Autarquias Locais e a Segurança Social.

apenas segundo a classificação económica[19]. Como se verá adiante, estas regras não causando aparentemente qualquer dúvida, quando vistas em confronto com as exigências decorrentes da LBSSS são susceptíveis de gerar algumas interrogações.

Para além disto, vem o n.º 2 artigo 27.º prever que o OSS «*pode*[20] ser estruturado por programas»[21]. O aqui previsto deve ser devidamente compatibilizado com o que antes resulta do n.º 3 do artigo 18.º, nomeadamente quando determina que a «estruturação por programas *deve* aplicar-se às despesas seguintes: a) despesas de investimento e desenvolvimento (....) do orçamento da segurança social...». Estará aqui em causa – contrariamente à situação prevista no artigo 27.º – a orçamentação por programas de um determinado tipo de despesas, as despesas de investimento e desenvolvimento, reconduzidas tradicionalmente

---

[19] Chegou a ser equacionada e mesmo proposta a especificação das despesas do sistema de Segurança Social ainda segundo a classificação orgânica. Esta acabou por ser abandonada, ao que tudo indica pelo reconhecimento da singeleza do universo em apreço – um número reduzido de instituições de segurança social (tanto mais reduzido desde e com a criação, em 2000, do Instituto da Solidariedade e Segurança Social que agregou os anteriores institutos, Centro Nacional de Pensões e Centros Regionais de Segurança Social) e pertencentes a um único Ministério. Apesar do seu abandono, não nos chocaria a sua inclusão (antes mesmo, lhe reconheceríamos utilidade) no conjunto dos mapas orçamentais, muito à semelhança do que sucede para os fundos e serviços autónomos em geral. Era não apenas uma forma de uniformizar o tratamento entre estes e as instituições da segurança social (Instituto de Gestão Financeira da Segurança Social, Instituto de Segurança Social, Centro Nacional de Protecção contra os Riscos Profissionais e Instituto de Gestão dos Fundos de Capitalização da Segurança Social) que gozam de idêntica natureza jurídica, além de permitir – ao leitor – uma melhor e mais cabal apreensão do universo de despesas e de receitas devidas a ou resultantes de cada uma delas.

[20] Itálico nosso.

[21] Ao que tudo indica, trata-se aqui de programas *de actividades* a que respeita o Mapa XVI, referido no artigo 32.º.

ao PIDDAC e com discriminação nos Mapas XV e XV-A[22]. Assim, enquanto que aquele primeiro tipo de programas é, nos termos do n.º 2 do artigo 27.º, uma mera faculdade[23], este outro é obrigatório, por força do n.º 3 do artigo 18.º e conhece aliás (mesmo antes da actual Lei), concretização plena.

Também em sede de preparação e apresentação da proposta de lei do OE, houve algumas alterações de relevo. No que respeita à Segurança Social, importa reter, desde já, a obrigatoriedade de apresentação, juntamente com aquela proposta, quer do Relatório que contenha, entre outros aspectos, dados sobre a evolução da situação financeira da Segurança Social (*vide* alínea b), do n.º 2, do artigo 36.º da LEO), quer de um elemento informativo relativo à «situação financeira e patrimonial do sistema de solidariedade e segurança social» (assim, na alínea j) do n.º 1 do artigo 37.º). Como adiante veremos, também aqui poderá verificar-se alguma dificuldade na articulação entre o disposto nestes preceitos e o que resulta da LBSSS sobre esta matéria.

Já no que toca, por fim, ao regime da execução do OSS e das alterações orçamentais, a situação parece agora, de facto, bastante clarificada. Quanto ao primeiro aspecto, importa dizer que a execução compete ao Instituto de Gestão Financeira da Segurança Social, a quem são atribuídas as competências de

---

[22] Importa, com efeito, distinguir (embora, no passado, a legislação o não fizesse e continua a não o fazer com precisão) os *programas de investimento* previstos no âmbito do PIDDAC dos *programas de acção ou de actividade* a inscrever nos orçamentos da Administração directa e indirecta do Estado (e também agora da Segurança Social). Sobre a importância desta precisão, *vide* Jorge Costa Santos, *Reforma do...*, *cit.*, pp. 258 e 259.

[23] E que ainda não teve concretização prática em relação à Segurança Social.

cobrança das receitas e pagamento das despesas, isto é, as competências de tesouraria única do sistema (cf. n.º 1 e 4 do artigo 48.º)[24]. Quanto às alterações orçamentais, importa salientar que agora – de acordo com a lógica subjacente à generalidade das alterações – cabe à Assembleia da República efectuar as que se traduzam no aumento total da despesa[25], excepto (excepção de grande significado prático) quando referentes a prestações que constituam direitos dos beneficiários da segurança social, casos em que a competência se devolve ao Governo (cf. n.ºˢ 1 e 2 do artigo 57.º).

2.2.2. A Lei de Bases do Sistema de Segurança Social; dificuldades de compatibilização e propostas de superação

No âmbito da vigência da Lei n.º 6/91 foi discutida a questão da admissibilidade de normas de enquadramento orçamental à margem daquela Lei. Dito por outras palavras, normas de enquadramento orçamental que resultassem de outros dispositivos legais que não aquela. E a resposta parecia ser afirmativa, com base em fundados argumentos de ordem legal, jurisprudencial e doutrinária[26].

---

[24] Pese a manutenção desta autonomia de tesouraria e, em geral, no campo da execução do OSS, importa recordar que, agora, por força do disposto do n.º 3 do artigo 43.º deve ser aprovado anualmente um *único* decreto-lei de execução orçamental (incluindo a execução do OSS), ao invés do que antes sucedia. Seja como for, a relevância desta aglutinação é, quanto a nós, pouco mais que simbólica ou formal, porquanto continuam a surgir, na sistemática dos decretos-lei de execução orçamental aprovados já na constância desta LEO, títulos diferenciados para o regime de execução do OE em geral e do OSS, ou seja, com regras próprias e distintas.

[25] E ainda as alterações de natureza funcional.

[26] Assim, segundo Costa Santos, eles seriam os seguintes: (i) ao contrário do que sucede em relação a outras leis de valor reforçado, a Constituição não impõe qualquer especialidade quanto ao procedimento legislativo

Assim, desde que verificados os requisitos da competência (da Assembleia da República), formal (forma de lei, por se tratar de matéria *absolutamente* reservada, nos termos da alínea r) do artigo 164.º da Constituição), material (correspondência entre o conteúdo destas normas e o programa legislativo indicado pela Constituição para o enquadramento orçamental) e negativo (exclusão dos preceitos que, apesar de satisfazerem os requisitos anteriores, constem de leis do orçamento)[27], o regime do enquadramento orçamental poderia constar de outras leis que não a LEOE e, muito especialmente, da própria Lei de Bases da Segurança Social (ao tempo, a Lei n.º 28/84, de 14 de Agosto[28]).

A actual LEO, ao qualificar-se como lei de valor reforçado, afirmando-se prevalecente sobre todas as normas que estabeleçam regimes orçamentais particulares que a contrariem (artigo 3.º), parece intentar vedar, à partida, a existência ou a produção de quaisquer outras normas que se pretendam (também) de enquadramento orçamental e que a contradigam ou que com ela se não conformem totalmente, mesmo – diríamos até – que posteriores[29]. E a ser assim, a doutrina antes expendida parece agora prejudicada pela redacção do mencionado artigo 3.º.

---

respeitante ao enquadramento orçamental; (ii) a jurisprudência constitucional também se pronunciou favoravelmente nesse sentido (*maxime*, no Acórdão n.º 624/97, de 21 de Outubro de 1997); (iii) a posição de constitucionalistas, como Carlos Blanco de Morais, para quem «nada obstaria a que (...) leis parlamentares avulsas que regulassem o objecto material referido no n.º 1 do artigo 109.º (...) se pudessem qualificar de actos legislativos de enquadramento», in *O Enquadramento...*, *cit.*, p. 41-44.

[27] *Ibidem*, p. 44 ss..
[28] E, concretamente, o que resultava disposto no seu artigo 49.º.
[29] A menos que se traduzam, naturalmente, em alterações à própria LEO.

Na verdade, a LEO não só se assume, desta feita, como lei de valor reforçado, como, implicitamente, intenta assegurar o exclusivo do enquadramento orçamental. Em grande medida, esta (nova) orientação encontra boas razões: onde antes encontrávamos uma lei lacunosa, incompleta e imprecisa, hoje encontramos uma lei minuciosa, exaustiva e clara. Que se permite prescindir, por isso, do recurso a outras. No domínio estrito da Segurança Social, isso é bem evidente.

Em todo o caso, as dificuldades não ficam totalmente ultrapassadas, na medida em que é a própria Lei de Bases da Segurança Social, também ela de valor reforçado, posterior à LEO, que vem consagrar outras tantas normas que são inequivocamente normas de enquadramento do OSS[30]. É o caso, em concreto, das que resultam do artigo 114.º. Se algumas se compaginam perfeitamente com a LEO (as dos n.ºs 1 e 3), duas outras são de mais difícil articulação – as dos n.ºs 2 e 4.

O n.º 2 do artigo 114.º vem, com efeito, dispor que «o orçamento da segurança social prevê as receitas a arrecadar e as despesas a efectuar, *desagregadas pelas diversas modalidades de protecção social, designadamente as eventualidades cobertas pelos subsistemas previdencial, de solidariedade, de protecção familiar e de acção social*[31]».

Ora, não só a LEO não contempla esta forma de especificação orçamental (segundo modalidades de protecção, desagregadas pelas respectivas eventualidades), como a classificação económica actualmente reservada para as receitas e despesas dos subsistemas que compõem o sistema de segurança social não é de molde (não é essa a sua lógica e intenção) a desagregar

---

[30] Com redacções aliás muito similares às que constavam de preceitos congéneres das anteriores Leis de Bases, a Lei n.º 28/84 e a Lei n.º 17/2000, de 8 de Agosto.
[31] Itálico nosso.

receitas e despesas de acordo com as eventualidades a que se destinam ou respeitam.

Pelo que, desde logo se nota aqui uma desadequação ou não conformidade entre o que se prevê no artigo 32.º da LEO, ao enunciar exaustivamente os mapas que compõem o Orçamento do Estado e o disposto no citado artigo 114.º, n.º 2 da LBSSS, o que conduz a um de dois resultados, ambos passíveis de crítica:

– ou a LEO é, como atrás se ponderou, uma lei de valor reforçado que assume prioridade (se não exclusivo), em matéria de enquadramento orçamental, incluindo sobre outras disposições de enquadramento orçamental, constantes de leis também elas de valor reforçado (no caso, a LBSSS), mesmo que posteriores a ela. A ser assim, o disposto no n.º 2 do artigo 114.º é "letra morta", ou seja, disposição inútil, porque inaplicável;

– ou o estatuído na LEO, desde logo na sua versão inicial (2001), não impedia que outras disposições de enquadramento orçamental possam constar de outras leis (de valor reforçado) posteriores, ainda com aquela não totalmente compatíveis ou até desconformes. Pelo que, a ser assim, as últimas Leis do Orçamento do Estado aprovadas já na constância da nova LBSSS não deram total cumprimento às normas de enquadramento orçamental desta resultantes, ao não incluir mapas das receitas a arrecadar e das despesas a efectuar, desagregadas pelas diversas modalidades de protecção social e, concretamente, pelas eventualidades cobertas pelos diferentes subsistemas.

Não nos chocaria que, neste ponto, fosse a própria LEO a afeiçoar-se à LBSSS[32], fazendo incluir no rol do artigo 32.º,

---

[32] Só assim, na verdade, a Lei do OE poderia garantir a sua concretização. Mas como bem se vê, a solução por que optou o legislador, agora em 2004, foi no sentido de manter inalterada a situação.

dois novos mapas (um para as receitas e outro para as despesas) que contemplassem aquela especial discriminação. Em primeiro lugar, porque uma tal inovação contribuiria, como afirmou Costa Santos, «para um mais correcto conhecimento da situação financeira da Segurança Social, cuja avaliação não deve ser feita em globo, mas desagregando as diversas vertentes do sistema, já que cada uma delas tem sistemas diferentes de financiamento, encargos e responsabilidades de natureza distinta e lógicas diferenciadas no plano das respectivas técnicas de gestão financeira»[33]. Em segundo lugar, porque assim se poderia ultrapassar, definitivamente, leituras e apreciações menos próprias e acertadas da situação financeira do sistema de segurança social como sucedeu, entre nós, durante anos[34], e que conduziram, entre outras coisas, a profecias exageradas de catástrofe (v.g. ruptura financeira) eminente do sistema. E isto foi propiciado em boa medida pela inadequada especificação das receitas e despesas do OSS, levando, erroneamente, por um lado, a adicionar *todas* as despesas do Sistema (quer no âmbito dos tradicionais regimes contributivo e não contributivo, quer da Acção Social, quer de outras despesas, como, por exemplo, com certas acções de formação profissional), e a confrontá-las, depois, *apenas* com as receitas resultantes da cobrança de contribuições sociais[35], como se só estas fossem receitas do sistema de segurança social (e, mau grado, o sistema tem ao seu dispor, cada vez mais, várias outras fontes de financiamento – veja-se o artigo

---

[33] Assim, em *O Enquadramento...*, cit., p. 123.

[34] Certamente até meados nos anos noventa.

[35] Neste sentido, Nazaré da Costa Cabral, *A Nova Lei de Bases do Sistema de Solidariedade e Segurança Social*, in *Estudos de Homenagem a Cunha Rodrigues*, Vol. II, Coimbra Ed., 2001, p. 91. Também neste mesmo sentido, já antes Ilídio das Neves chamara a atenção para o mencionado equívoco. Assim, *Crise e reforma da Segurança Social, Equívocos e Realidades*, ed. Chambel, 1998, p. 86.

112.º da LBSSS). Em terceiro lugar, porque assim se daria cabal e satisfatória concretização – no plano orçamental estrito – ao recente princípio[36] *da adequação selectiva* (introduzido justamente, também, para suprimir aqueles equívocos do passado), e que significa, nos termos do artigo 109.º da actual LBSSS, a «determinação das fontes de financiamento e na afectação dos recursos financeiros, de acordo com a natureza e os objectivos das modalidades de protecção social definidas na presente lei e com as situações e medidas especiais, nomeadamente as relacionadas com políticas activas de emprego e de formação profissional»[37]. Como tivemos oportunidade de dizer em outra sede, este é, antes de mais nada, «um princípio de rigor e de transparência financeira, da máxima importância num sistema, como o português, cuja situação financeira reflecte o modo como, durante anos, se não soube afectar de forma adequada as diversas fontes de financiamento aos tipos de despesas a que, legalmente, se destinavam»[38]. Importa, por fim, acrescentar que o princípio *da adequação selectiva* encontra uma importante concretização e densificação no decreto-lei que estabeleceu o quadro genérico

---

[36] Introduzido, entre nós, pela anterior Lei de Bases, n.º 17/2000.

[37] Como explica Ilídio das Neves, a formulação deste princípio apresenta afinidades com a concepção da *lógica funcional do financiamento* defendida por Guy Perrin. Para ele, a escolha das modalidades de financiamento da Segurança Social não deveria resultar de opções arbitrárias, mas de decisões ajustadas de forma lógica à natureza das funções prosseguidas pelos regimes públicos. Assim, deveriam ser financiadas por contribuições sobre salários as prestações que visassem a compensação da perda de remunerações do trabalho. Diversamente, as prestações compensatórias de encargos com prestações familiares e cuidados de saúde, bem como as prestações de garantia de rendimentos mínimos, deveriam ser financiadas por transferências das receitas gerais do Estado, ou seja, pela fiscalidade. Assim, Ilídio das Neves, *Lei de Bases da Segurança Social, Comentada e Anotada*, Coimbra Ed., 2003, pp. 243 e 244.

[38] Assim, Nazaré da Costa Cabral, *A Nova Lei de Bases...*, *cit.*, p. 102.

do financiamento do sistema, o Decreto-Lei n.º 331/2001, de 20 de Dezembro (alterado pela Lei n.º 107-B/2003), o qual poderia servir precisamente de "modelo", para o efeito desta (nova) desagregação nos mapas do OE respectivos, das receitas e despesas por eventualidades.

De igual modo, a articulação entre o diposto nos artigos 36.º (alínea b) do n.º 2) e 37.º da LEO (alínea j) do n.º 1) e o n.º 4 do artigo 114.º da LBSSS, merece alguma ponderação. Na verdade, enquanto que naqueles se determina que a proposta de lei do OE seja acompanhada, respectivamente, por dados sobre a evolução (passada) e sobre a situação financeira e patrimonial (presente) da Segurança Social, este parece exigir ainda, ou diversamente, a apresentação, em anexo ao próprio OSS, de uma previsão actualizada de longo prazo dos encargos com prestações diferidas, das quotizações dos beneficiários e das entidades empregadoras. Surge aqui uma primeira dúvida: o artigo 114.º da LBSSS parece apontar, dubiamente, para que o dito anexo figure na própria Lei do OE, constituindo, por conseguinte, parte integrante da mesma. Ora, o Relatório e os elementos informativos a que se referem os artigos 36.º e 37.º da LEO, visam "apenas" fundamentar as opções fundamentais feitas pelo Governo e esclarecer devidamente à Assembleia da República antes de aprovado ou rejeitado o OE[39]. Eles não são,

---

[39] Não nos pronunciamos aqui, porque não é a sua sede própria, sobre a diferente relevância (jurídica até) que tem, por um lado, o Relatório, previsto no artigo 36.º e, por outro, os elementos referidos no artigo 37.º. São diferentes: é diferente, quanto a nós, a sua relevância jurídica, como deve ser diferente a *sanção* para o incumprimento do disposto num e no outro (não apresentação ou apresentação deficiente). A questão é de especial complexidade e é confusa, tendo em conta o que, também e desde logo, dispõe o n.º 3 do artigo 106.º da Constituição, e não foi – ao contrário do que seria suposto e desejável – clarificada com a actual LEO.

pois, parte integrante da proposta de lei e não o serão, menos ainda, da Lei do OE que venha a ser aprovada.

Mas, mesmo que se considere que o n.º 4 do artigo 114.º da LBSSS disse mais do que queria dizer, porque queria referir-se a um elemento anexo à proposta de lei do OE/OSS, ainda assim ele parece exigir algo diferente do que o que resulta dos mencionados artigos 36.º e 37.º. Na verdade, o retrato da «situação financeira» da Segurança Social, a que estes aludem, não reclama, por princípio, a feitura de projecções de longo prazo para as variáveis e elementos identificados no preceito da Lei de Bases. Trata-se, ao invés, do retrato da evolução verificada nos anos imediatamente anteriores e da situação actual, presente, do sistema [40].

---

[40] Isto não significa que o Governo não possa fazer chegar aos deputados outras informações – designadamente comportando cenários evolutivos para o sistema de protecção social –, mas, deste modo, fá-lo-á por força do disposto no *corpo* do n.º 1 do artigo 37.º que autoriza a apresentação de outros elementos para além daqueles que depois enuncia expressamente. Na verdade, neste se dispõe do seguinte modo: «1 – A proposta de lei do Orçamento do Estado é acompanhada, *pelo menos* (itálico nosso), pelos seguintes elementos informativos....».

PARTE II

A SITUAÇÃO FINANCEIRA DA SEGURANÇA SOCIAL

1. O equilíbrio do OSS

1.1. A noção de equilíbrio orçamental; em especial, o equilíbrio do OSS

O equilíbrio orçamental, enquanto "regra de ouro" da qual vive, em grande medida, o debate ideológico fundamental das finanças públicas, tem merecido, desde o liberalismo oitocentista até aos nossos dias, concretizações diferenciadas. Assumido primeiro como dogma inquestionável de validade universal, foi visto, depois, como mito a precisar ser amparado, ainda que por meio deste ou daquele artifício. Chegou mesmo a ser reconhecida a queda do mito, até à sua "re-deificação" no quadro do funcionamento das economias actuais[41].

A teoria económica em geral procura justificar a necessidade do equilíbrio orçamental, como condição necessária da estabilidade dos preços e, por consequência, do funcionamento "equilibrado" dos mercados e da economia de um dado país (seja a nível interno, seja a nível das relações comerciais externas que mantém). O equilíbrio orçamental é, pois, imprescindível, já que instrumental perante o equilíbrio da própria economia. Na verdade, como esclarece MARIA JESÚS LÓPEZ a propósito da

---

[41] Sobre a evolução histórica dos critérios *materiais* de equilíbrio orçamental, *vide* Paul Marie Gaudemet, *Finances Publiques – Politique Financière, Budget et Trésor,* Précis Domat, 3.ª ed. 1977, p. 285 ss.. e, entre nós, António L. de Sousa Franco, *Finanças Públicas e Direito Financeiro, cit.,* p. 367 ss..

situação espanhola, existem bons argumentos para a defesa da necessidade do equilíbrio orçamental. Em primeiro lugar, com a eliminação permanente do défice público, a política financeira contribui para o reforço da certeza dos agentes económicos e das expectativas de estabilidade que são essenciais para garantir o crescimento sustentável e a criação de emprego. Em segundo lugar – e concretamente no contexto do euro, no qual hoje nos situamos – uma situação financeira equilibrada contribui para um melhor desempenho da política monetária a cargo do Banco Central Europeu. Em terceiro lugar, o equilíbrio orçamental permite uma redução mais rápida do peso da dívida pública sobre a economia, o que contribuirá para a redução das pressões que o financiamento dessa dívida exerce sobre as taxas de juro, ampliando, desta forma, o espaço para a iniciativa privada e financiamento do sector privado. Ainda e do ponto de vista estritamente orçamental, a redução da dívida suporá uma redução do peso dos encargos correntes da mesma, o que permitirá a liberação de recursos orçamentais para outras despesas (correntes mas não só), de maior impacto na economia. Finalmente, o equilíbrio orçamental facilitará a concretização de uma política de rigor no gasto público, o que ampliará a margem de manobra, por exemplo, no plano da política fiscal, permitindo novos incentivos à poupança, ao desenvolvimento empresarial e ao emprego e induzindo, assim, um maior impulso da actividade económica[42] [43].

---

[42] Neste sentido, Maria Jesús S. López, *Los Presupuestos Generales del Estado para el 2001 y el Gasto Social*, in Revista del Ministerio de Trabajo y Asuntos Sociales, 2001, p. 135.

[43] Pesem estas boas razões *objectivas* que sempre se invocam num contexto seja académico ou técnico, seja político e ideológico em prol da defesa do dogma absoluto do equilíbrio orçamental, não têm faltado vozes que denunciem o excesso do "restricionismo" orçamental, subordinado, por sua vez, a políticas restritivas em matéria de inflação (a tão desejada estabili-

A noção de equilíbrio orçamental comporta diferentes sentidos. Em sentido formal, «está-se a pensar na existência de uma situação contabilística de igualdade entre as receitas e depesas, exigência que é bastante fácil de satisfazer desde que não se faça qualquer discriminação quanto aos tipos de receitas (em sentido amplo)»[44]. No plano substancial, «o equilíbrio refere-se a uma qualidade mais complexa, já que então se trata de determinar uma relação concreta entre certo tipo de receitas e certo tipo de despesas; tem-se então como escopo referir se se utiliza

---

dade de preços). JEAN-PAUL FITOUSSI tem sido um dos mais críticos da situação europeia actual, dominada, em todos os aspectos das respectivas políticas económicas e sociais públicas, por aquela exigência ou preocupação. Tal deveu-se à instauração na Europa como no Mundo, a partir sobretudo dos finais dos anos 70 no século transacto, de uma «ditadura dos credores» ou, de preferência, das instituições que agem por sua conta (*maxime*, as grandes instituições financeiras mundiais). Segundo o autor, na verdade, «os credores constituem por razões largamente estruturais – nomeadamente a fraqueza do *stock* de capital produtivo *per capita*, à escala do planeta – o aspecto de curto prazo do mercado dos fundos a emprestar. Isto confere-lhes um verdadeiro poder sobre os mercados (...) Num mercado financeiro mundial com muita liquidez, e dominado pelos credores, não apenas as taxas de rendimentos reais das aplicações são, em média, elevadas, como não é nada surpreendente ver manifestar-se a propósito de tudo os receios característicos dos credores, e nomeadamente o receio da inflação futura. Os mecanismos descritos (...) mostram até que ponto a inflação corrói os rendimentos financeiros. Compreende-se melhor, então, por que razão a luta contra a inflação se tornou, um pouco por todo o lado, uma prioridade absoluta das políticas públicas. São os mercados financeiros que o exigem. Compreendemos melhor por que razão a obsessão pela «credibilidade» – numa acepção diáfana, relativamente subjectiva e flutuante, mas em geral fixada em torno da estabilidade –, se impôs, tanto na análise económica das políticas como nos discursos daqueles que as concebem e executam». Assim, Jean-Paul Fitoussi, *O Debate-Tabu, Moeda, Europa, Pobreza,* Terramar, 1997, p. 50.

[44] ANTÓNIO L. DE SOUSA FRANCO, *Finanças Públicas...*, cit., p. 366.

uma cobertura ortodoxa ou não dos gastos financeiros»[45]. É através deste segundo sentido, que é possível apurar se um determinado orçamento é equilibrado (ou excedentário) ou se, pelo contrário, ele apresenta um défice. A relação em causa (entre um determinado tipo de receitas e um determinado tipo de despesas) é, para este efeito, a relação entre o recurso a receitas creditícias e as despesas gerais de um Estado. O equilíbrio *em sentido substancial* traduz, ao fim e ao cabo, o grau maior ou menor de permissividade ou de exigência no que toca ao recurso ao crédito para fazer face às despesas do Estado e, permite, por isso, aferir da margem de liberdade de que os Estados gozarão para verem aumentados os seus níveis de endividamento.

Reconhecida a necessidade do equilíbrio orçamental – a que atrás fizemos alusão –, muito do que ele signifique depende, afinal, do critério, mais ou menos exigente, que uma dada legislação adopte num dado momento. E não há dúvida de que a tendência seguida nas últimas décadas, nos Estados da Europa, tal como nos Estados Unidos da América, aponta para o "endurecimento" das exigências em matéria de equilíbrio orçamental, o que terá levado mesmo alguns países – como Portugal – a substituírem critérios putativamente mais lenientes (de raíz keynesiana[46]) quanto ao recurso ao crédito, por outros de matriz neo-clássica, enfeudados na ortodoxia financeira liberal, logo mais restritiva por natureza[47].

---

[45] *Ibidem,* p. 366.

[46] Como é o critério do «orçamento de capital» que entre nós se consagrou com as primeiras leis de enquadramento orçamental do regime democrático, as Leis n.º 64/77, de 26 de Agosto e n.º 40/83, de 13 de Dezembro.

[47] O critério actualmente adoptado na LEO, para a Administração Directa do Estado, à semelhança do que já sucedia com a Lei n.º 6/91, é o critério de raíz *neo-clássica*, do *saldo primário*, nos termos do qual existe

Em relação ao orçamento da Segurança Social, vigora actualmente entre nós um critério material de equilíbrio, de "feição" diríamos liberal, o do *activo de tesouraria*. Existe, à luz do mesmo, equilíbrio do OSS, quando as receitas efectivas sejam pelo menos iguais às despesas efectivas (cf. n.º 1 do artigo 28.º da LEO). A consagração desta regra, para o OSS, é novidade. No âmbito da vigência da anterior LEOE, não existia, com efeito, qualquer critério material de equilíbrio para o OSS, vigorando apenas a regra genérica, para o Orçamento do Estado (administração central directa subentenda-se), do *saldo primário*. Dir-se-á que aqui, como em outros domínios já antes referidos, encontrávamos uma lacuna a carecer regulamentação. Foi o que a actual LEO acabou por assegurar, introduzindo, afinal, uma regra de equilíbrio substancial mais exigente no caso do OSS, em face da que é traçada para a Administração Central Directa do Estado, cuja "virtude" fora, aliás, já, no seu devido tempo, suficientemente desmistificada [48] [49]...

---

equilíbrio orçamental sempre que as receitas efectivas do Estado sejam pelo menos iguais às despesas efectivas, excluindo os encargos correntes da dívida pública (cf. n.º 1 do artigo 23.º da LEO).

[48] A este propósito invoque-se, pois, a crítica, reafirmada por Sousa Franco, feita por TEIXEIRA RIBEIRO, à adopção, entre nós, do critério do *saldo primário*, aquando da aprovação da Lei n.º 6/91 (e agora mantido), substituindo o do *orçamento de capital*. Na verdade, como afirmara este último, «o conceito de equilíbrio orçamental era o do equilíbrio corrente. Deixa de o ser, mas nem por isso passa a ser o do equilíbrio do orçamento efectivo; é o do equilíbrio entre as receitas efectivas totais e as despesas efectivas menos os juros da dívida pública». Mas deixou de se ter em vista — observava o mesmo autor — fomentar o investimento, abandonando o critério do orçamento corrente... E então o novo critério só pode ter uma «justificação política — permitir aos governos apresentar como equilibrados orçamentos que na realidade o não estão...»». Assim, A.L. Sousa Franco, *Finanças...*, *cit.*, pp. 374-375.

[49] Já em relação, por outro lado, aos fundos e serviços autónomos, se determina, com menor exigência, que o orçamento de cada qual seja

Na sequência e por imposição do Pacto de Estabilidade e Crescimento (PEC)[50] e da necessidade, nele reafirmada[51], do cumprimento, por parte dos Estados membros da União Europeia, do critério de convergência nominal atinente às finanças públicas – designadamente, a proibição de défices *excessivos* –, foi entre nós aprovada a conhecida *Lei da Estabilidade Orçamental* (Lei Orgânica n.º 2/2002, de 28 de Agosto). Esta, além de ter, em termos sistemáticos e formais, aditado um novo título à Lei de Enquadramento Orçamental – o título V –, introduziu no nosso direito orçamental interno alguns importantes princípios, orientados todos para a concretização da estabilidade/equilíbrio orçamental, para que tão imperiosamente aponta o PEC. São eles, de um lado, o princípio da *transparência orçamental* e, de outro, o da *solidariedade recíproca* (artigo 84.º[52]). E também eles relevantes quer no plano da elaboração quer no da execução do OSS[53].

---

elaborado, aprovado e executado por forma a apresentar um *saldo global* nulo ou positivo (cf. n.º 1 do artigo 22.º da LEO), sendo que para o efeito do apuramento deste saldo, não são consideradas as receitas provenientes de activos e passivos financeiros, bem como o saldo de gerência anterior, nem as despesas relativas a activos e passivos financeiros (n.º 2).

[50] Constituído, afinal, por um conjunto de três diplomas: a Resolução do Conselho Europeu sobre o Pacto de Estabilidade e Crescimento, de 17 de Junho de 1997; o Regulamento (CE) n.º 1466/97 do Conselho, de 7 de Julho de 1997, relativo ao reforço da supervisão das situações orçamentais e à supervisão e coordenação das políticas económicas; e o Regulamento (CE) n.º 1467/97, do Conselho, de 7 de Julho de 1997, relativo à aceleração e clarificação da aplicação do procedimento relativo aos défices excessivos.

[51] E inicialmente estabelecida no Tratado da União Europeia (cf. artigo 104.º, após a renumeração efectuada pelo Tratado de Amsterdão).

[52] Era inicialmente, com a Lei da Estabilidade Orçamental, o artigo 81.º.

[53] O impacto da UEM (União Económica e Monetária), por um lado, e da aprovação subsequente do PEC, por outro, tem sido objecto de análise

No que respeita ao cumprimento do primeiro dos princípios, além do dever de informação geral a que o Instituto de Gestão Financeira da Segurança Social (enquanto serviço responsável pela execução do OSS) se encontrava já obrigado perante o Ministério das Finanças, nos termos do então artigo 65.º da LEO[54], prevê-se agora, com a Lei da Estabilidade Orçamental, ainda a possibilidade de o Ministro das Finanças exigir a todos os organismos que integram o SPA[55] (e, por conseguinte, também o sistema de Segurança Social) informações

---

em outros ordenamentos jurídicos. No caso francês, por exemplo, Karine Michelet desdobra em dois, os efeitos destes acontecimentos sobre a política de protecção social. Assim, em primeiro lugar, serão afectadas as finanças sociais e, muito especialmente, as despesas da Segurança Social e, em segundo lugar, o modo de gestão do sistema. Quanto à primeira das consequências, assistir-se-á, segundo ela, necessariamente, a uma redução dos próprios direitos sociais (em especial, do âmbito e nível de protecção garantida). É mesmo lícito questionar «sur la véritable portée de la réalization de l'UEM sur la configuration du système français caractérisée par un *infléchissement assistanciel*"». Ainda neste plano, a compressão da despesa impõe, desde já, a adopção de técnicas comunitárias de *saneamento*, em especial a implementação de técnicas de plurianualidade orçamental. Quanto à segunda consequência – sobre a gestão da protecção social – evidencia a necessidade de aprovação das chamadas *leis de finanças sociais* que subordinem a gestão financeira do OSS também a exigências de rigor e de disciplina orçamental. No caso francês, a adesão ao euro implicou mesmo a consumação do percurso, trilhado nos últimos anos, com vista à integral *orçamentação* das receitas e despesas *sociais*. Em suma, conclui a autora, «il apparaît clairement que le droit de l'UEM, par l'impératif de maîtrise de la dépense publique qu'il impose, est porteur d'une dynamique de rénovation des finances sociales susceptible d'entrainer des répercussions sur la configuration même du système français de protection sociale». Assim, Karine Michelet, *Protection sociale et contraintes économiques et monétaires européens,* in Droit Social, n.º 3, Mars, 2001, p. 292 ss..

[54] Com a renumeração de 2004, é o artigo 69.º
[55] Sector Público Administrativo.

detalhadas sobre a observância das medidas e procedimentos a cumprir nos termos daquela mesma lei (cf. n.º 1 do artigo 91.º). E mais. Em caso de perigo de inobservância de tais exigências, em torno do cumprimento dos objectivos de estabilidade orçamental, o mesmo organismo – o IGFSS – deve remeter àquele Ministério informação pormenorizada acerca do ocorrido, identificando as receitas e despesas que o originaram e uma proposta de regularização da situação (n.º 2).

O princípio da *solidariedade recíproca* impõe, por sua vez, que todos os subsectores do SPA, através dos seus organismos, contribuam para a realização do princípio da estabilidade orçamental, de modo a evitar situações de desigualdade. Cabe, pois, não apenas ao Estado manter a sua solidariedade para com o sistema de segurança social[56], nos termos aliás definidos pela LBSSS – nomeadamente através das transferências que para ele concretiza no quadro das formas de financiamento previstas nos artigos 110.º e 112.º –, mas também, compete ao próprio sistema de segurança social cumprir as suas obrigações em matéria de prossecução do equilíbrio orçamental, dando assim o seu contributo para o *saneamento* das finanças públicas portuguesas, desde logo "aos olhos" das instâncias comunitárias. Esta exigência de estabilidade orçamental e de solidariedade recíproca pode, no limite, determinar que o montante das transferências do OE para os diferentes subsectores institucionais seja feito em montantes inferiores àqueles que resultariam das leis financeiras aplicáveis a cada subsector (assim, n.º 1 do artigo 88.º da Lei da Estabilidade Orçamental). Ora, é este mesmo preceito que introduz uma importante salvaguarda – diríamos mesmo excepção –, no caso justamente da segurança social, ao manter

---

[56] Subjacente à *solidariedade nacional* a que se referem o artigo 9.º e alínea *a*) do n.º 2 do artigo 26.º da LBSSS.

intocáveis «os compromissos assumidos pelo Estado no âmbito do sistema de solidariedade e segurança social» (*idem, in fine*)[57].

1.2. A sustentabilidade financeira do sistema de segurança social enquanto expressão do equilíbrio orçamental

Ao falar-se em equilíbrio do OSS, na acepção atrás utilizada, está-se a partir de um duplo pressuposto delimitador:
- em primeiro lugar, estamos a "importar" para o universo da segurança social um critério de direito orçamental, do *activo de tesouraria*, que relaciona, como vimos, as receitas e despesas *efectivas* e as *não efectivas*. E considera haver equilíbrio quando as receitas efectivas (todas, excepto as identificadas como «passivos financeiros») sejam pelo menos iguais às despesas efectivas (todas, excepto as identificadas como «passivos financeiros»).
- em segundo lugar, o período relevante é aqui o período correspondente a um certo e dado exercício orçamental, anual por natureza.

Ora, as implicações financeiras de médio e longo prazo inerentes ao funcionamento dos sistemas de segurança social (e que são, como adiante veremos, de dimensão plurigeracional) não se compadecem com apreciações apenas deste teor. A par daquela leitura, é usual encontrar, na literatura especializada, outros sentidos para a expressão «equilíbrio dos sistemas de segurança social»[58].

---

[57] Ou seja, neste caso, ficam sempre asseguradas as transferências para o OSS, no quadro do cumprimento das exigências em matéria de financiamento do sistema, por parte do Estado. Adiante voltaremos, com maior detalhe, a este ponto.

[58] E são eles que, em grande medida, acabam por se impor.

Assim, em primeiro lugar, a afirmação segundo a qual haverá equilíbrio da Segurança Social quando as contribuições sociais sirvam para cobrir todas as suas despesas[59]. Nesta leitura, à noção de equilíbrio do OSS não subjaz o critério do *activo de tesouraria*, como sucede na nossa LEO[60], pelo que não relevam, enquanto tais, as receitas e despesas efectivas. Importa sim, em particular, um determinado tipo de receita (que é, por sinal, a um tempo, corrente e efectiva) – a das contribuições sociais –, em face da generalidade das despesas que o sistema tem de suportar. Esta apreciação tem o interesse de permitir evidenciar aquela que foi sempre, designadamente nos sistemas de pensões de matriz *laborista* ou bismarckiana (como é o caso da generalidade dos países da Europa ocidental[61]), a fonte primacial ou exclusiva de financiamento e a sua suficiência na cobertura das despesas *sociais*.

---

[59] MARIA CONCEPCION GONZALEZ RABANAL, *Los problemas de la Seguridad Social española*, Ed. Tecnos, Madrid, 1990, p. 126.

[60] E, de novo, aqui, é lícito questionar se a concepção de equilíbrio que, na nossa legislação de enquadramento orçamental acabou por relevar, é, afinal, aquela que tem interesse no plano do funcionamento e da lógica intrínseca de financiamento que subjaz ao nosso sistema de segurança social. Por outro lado, é de salientar também aqui o "desalinhamento" entre a concepção de equilíbrio (v.g. sustentabilidade financeira) a que se reporta a legislação em matéria de segurança social, *maxime* a própria Lei de Bases e aquela que para o legislador de enquadramento orçamental acabou por importar.

[61] Excepção feita para o Reino Unido, reconduzido ao modelo *anglo--saxónico* ou *assistencialista* de protecção social. Sobre os modelos de protecção social, matéria sobejamente tratada desde os estudos pioneiros – do início da passada década de noventa – de ESPING-ANDERSEN, leia-se, entre nós, por todos, PEDRO ADÃO E SILVA, *O Estado Providência português num contexto europeu: elementos para uma reflexão*, in Sociedade e Trabalho, n.º 8/9, 2000, p. 49 ss. e EDUARDO FERRO RODRIGUES, *Segurança Social*, in Enciclopédia de Economia, Principia (2.ª ed), 2001, pp. 343 e 344.

Todavia, ela não deixa hoje de ser muito criticada por simplista, pois esquece ou escamoteia que, cada vez mais – e recorde-se justamente a chamada de atenção feita por Ilídio das Neves –, os Sistemas de Segurança Social são realidades complexas, constituídas por subsistemas e regimes que exigem uma crescente participação financeira do Estado no financiamento das respectivas despesas, em especial daquelas que não tenham qualquer componente contributiva ou que assumam uma vocação essencialmente redistributiva[62].

Em segundo lugar, falar em equilíbrio dos sistemas públicos de segurança social quer significar, não apenas o equilíbrio reportado a um dado exercício anual, mas deve também e acima de tudo atender à dimensão plurianual ou mesmo plurigeracional dos efeitos financeiros previsíveis. E assim, se usa falar em *sustentabilidade financeira* da Segurança Social.

Mas, importa, ainda assim, precisar um pouco mais. Quando hoje tanto se fala do problema financeiro futuro (a médio prazo) da Segurança Social, está-se a pensar, antes de mais, na sua previsível incapacidade para continuar a assegurar, nos próximos anos, a cobertura financeira (feita através fundamental-

---

[62] Daí que seja útil comparar as receitas obtidas com a cobrança de contribuições sociais (e evolução esperada) com as despesas realizadas no âmbito dos subsistemas previdenciais ou contributivos, na medida em que aquelas, de acordo com o princípio da *adequação selectiva*, se destinam fundamentalmente ao financiamento destas. Para além disso, há que apurar, no presente, o montante das despesas de carácter não contributivo, percebendo-se assim a dimensão actual da participação financeira do Estado, e estimar a evolução previsível destas despesas para conhecer a pressão que as mesmas exercerão num futuro, mais ou mais menos longínquo, sobre os orçamentos do Estado.

mente das receitas das contribuições sociais) dos respectivos encargos, sempre crescentes[63].

É sobretudo na literatura norte-americana que encontramos algumas das apreciações mais desenvolvidas da situação financeira dos sistemas públicos de pensões, ainda que importando as premissas, o "discurso" e as referências axiomáticas fundamentais constantes dos estudos de economia dos seguros e, em especial, dos seguros-vida[64]. Propugna-se a transposição destes pressupostos, financeiros e actuariais, inerentes à actividade seguradora privada (marcadas pela constituição de contas individuais assentes no método financeiro da capitalização integral – *fully-funded systems* [65]), para o domínio dos sistemas públicos de

---

[63] Designadamente em face do agravamento do chamado *rácio de dependência* da população idosa e inactiva, perante a população activa. Sobre esta questão, veja-se, entre muitos outros, a nível nacional, comunitário e internacional, o estudo de CARLOS PEREIRA DA SILVA, *Reforma da Segurança Social: os regimes complementares e o reforço da sustentabilidade financeira do regime público,* in Sociedade e Trabalho, Maio, 1998, p. 59-62.

[64] O que não será inteiramente válido ou sequer legítimo, justamente porque muitas são as diferenças, em termos de objectivos, das técnicas utilizadas e dos respectivos meios financeiros, que separam os seguros privados da segurança social *pública*.

[65] Pensamos sobretudo nos sistemas complementares de segurança social de adesão colectiva e de constituição obrigatória (o caso especialmente dos fundos de pensões), designadamente quanto baseados no financiamento segundo *benefícios definidos*. Sobre as dificuldades de caracterização e de qualificação das diferentes modalidades da chamada complementaridade privada (reconduzida ao 2.° e ao 3.° pilares de protecção social, segundo o «modelo dos três pilares» proposto pelo Banco Mundial, no famoso relatório de 1994, *Averting the Old Age Crisis, Policies to Protect the Old),* leia-se Lucy ApRoberts, *Les retraites complémentaires; vers une définition des termes,* in Problèmes Économiques, n.° 2438, 1995, p. 1 ss.. e ARNALDO DA COSTA OLIVEIRA, *Fundos de Pensões, Estudo Jurídico,* Almedina, 2003, p. 97-109. Sobre a ARRCO-AGIRC francesa, um dos exemplos de complementaridade, de maior difícil qualificação e integração, veja-se o extenso texto

pensões, designadamente aqueles que se baseiam ainda sobretudo no método financeiro da repartição (*pay-as-you-go systems*)[66].
E evidentemente, com tais premissas, conclui-se, nestes, pela defesa da (re)introdução do método da capitalização como método predominante.

Ora, no âmbito da gestão dos planos de pensões de natureza privada, dois sentidos são concebidos para a expressão de «equilíbrio» (*actuarial soundness*), embora o segundo, pela sua acrescida exigência, acabe por se impor. De acordo com o primeiro sentido, existe equilíbrio se o montante das receitas existentes for suficiente para pagar todos os benefícios *vencidos* até à data. De acordo com o segundo, o plano está equilibrado se o fundo existente for suficiente para pagar todos os benefícios futuros dos que fazem parte desse plano. Numa lógica pura de capitalização, este segundo sentido acaba, como se disse, por prevalecer. Na verdade, na capitalização, a ideia de equilíbrio pressupõe a concretização do princípio de que o valor actual de todas as contribuições futuras, acrescido do "fundo" eventualmente já

---

de Lisiane Fricotté e outro, *La retraite assurance Arrco-Agirc, Retraite Supplémentaire*, in Liaisons Sociales, Dezembro, 2001.

[66] O método ou sistema da *repartição* supõe a existência de um grupo social, profissional ou interprofissional cujos contornos estão claramente definidos e em relação aos quais o sistema é obrigatório. Os seus membros que ainda estejam em actividade pagam contribuições que, sem serem capitalizadas, são, por sua vez, destinadas a pagar as prestações dos que já se encontrem reformados. Diversamente, a *capitalização* supõe, antes de mais, a abertura de uma conta no nome de cada interessado. As contribuições pagas por cada um são depositadas nas contas respectivas e aplicadas. Desta aplicação, junto dos mercados financeiro e imobiliário, resultará um rendimento ou juro e é aqui que o indivíduo capitaliza as suas contribuições. Uma vez atingida a idade de reforma, o segurador, com base nos fundos capitalizados, assegura-lhe o pagamento da respectiva pensão. Sobre esta distinção e outros desenvolvimentos, *vide* J.M. SÉRVULO CORREIA, *Teoria da Segurança Social*, Instituto de Estudos Sociais, Lisboa, 1967/68, p. 200 ss..

existente, deva ser igual ao valor actual de todos os benefícios e despesas a pagar no futuro[67] [68].

Este conceito de "equilíbrio"[69], importado para os sistemas públicos de pensões, pelos elementos de comparação em que se baseia (compara recursos actuais com evoluções demográficas futuras, marcadas certamente pelo agravamento dos *rácios de dependência*)[70], conduz necessariamente a apreciações muito pessimistas àcerca dessa mesma evolução e acaba por "forçar" a tomada de um conjunto de medidas "de ruptura", como a

---

[67] JOSÉ M. CORREIA DE ARAÚJO, *Financiamento dos Planos de Pensões – um modelo de simulação,* Tese de Mestrado, Universidade Nova de Lisboa, 1987, polic., p. 7.

[68] Esta especial exigência, apontada como co-natural à gestão em capitalização (*accrued liabilities*), é definida por A. HAEWORTH ROBINSON, como «the present value of benefits that has been earned or accrued as of a given date but that will not actually be paid until a later date». Assim, A. Haeworth Robinson, *The coming revolution in Social Security,* Reston Virginia, 1981, p. 98.

[69] Com ele se relaciona, como veremos, o surgimento da chamada *dívida pública implícita*.

[70] Sobre o agravamento das relações de dependência em resultado da "inversão" da pirâmide etária e de outras alterações demográficas tem sido objecto de aturados estudos, desde logo no seio das mais importantes organizações e instituições internacionais. A nível europeu, destacam-se os estudos da Eurostat. De um modo geral, são todos conducentes a afirmações como a de que «o sistema de repartição foi, essencialmente, posto em causa pelo abrandamento, quando não mesmo regressão, do ritmo de crescimento populacional, que fez perigar a estabilidade dos equilíbrios demográficos necessários ao seu funcionamento. As projecções elaboradas para as próximas décadas realçam a necessidade de uma resposta urgente e eficaz para o problema do financiamento dos (...) sistemas públicos de pensões». Assim, Ana Paula Santos Quelhas, *A Refundação do papel do Estado nas Políticas Sociais,* Almedina, 2001, p. 116. Ainda sobre esta questão, leia-se HENRY NOGUÉS, *La protection sociale à l'épreuve de l'évolution démographique,* in *Un siècle de protection sociale,* Comité d'Histoire de la Sécurité Sociale, Paris, 2001, p. 257 ss..

transição brusca para um sistema de capitalização (que absorva se não a totalidade, pelo menos a maior parte dos recursos da Segurança Social), a única, porventura, capaz de garantir, a *actuarial soundness* do sistema[71].

Mas também há quem considere que esta ruptura (que é, antes de mais nada, uma ruptura no contrato intergeracional em que se baseiam a maioria dos sistemas de pensões) não é uma inevitabilidade. A antecipação da evolução do sistema, mediante previsões e a construção de modelos[72] pode ser sufi-

---

[71] Adiante retomaremos, com maior detalhe, esta questão.

[72] O *modelo* é, segundo MÁRIO MADUREIRA, «um sistema abstracto que permite estudar um fenómeno qualquer ou o modo de funcionamento de um sistema real. O sistema abstracto significa aqui que se procede à sua construção por definição com o propósito de reduzir a realidade aos aspectos essenciais à consideração do estudo que pretendemos realizar». Assim, MÁRIO MADUREIRA, *Planeamento Económico,* Ed. Aster, 1979, p. 139. Os modelos económicos podem, por sua vez, ser objecto de diferentes classificações. Atendendo ao grau da sua extensão, surgem os modelos *parciais* (interpretam um aspecto particular da economia nacional, como, por exemplo, o modelo de um ramo industrial) e modelos *gerais* que interpretam toda a realidade nacional. Quanto à finura, os modelos podem ser *macro* ou *microeconómicos*. Estes fazem intervir agentes individualmente considerados numa análise geral (exemplo, o modelo do equilíbrio geral) ou numa análise parcial (exemplo, o modelo do comportamento do consumidor). Aqueles respeitam à actuação de todos os agentes globalmente considerados. Os modelos podem ainda ser *descritivos* (ou empíricos) e *analíticos,* sendo que os primeiros descrevem as reacções do sistema interpretado sem as explicar, ao passo que os segundos que procurar analisar o funcionamento do sistema, mediante relações de causalidade. Os modelos podem ainda ser *de decisão* ou *de simulação,* consoante existam neles ou não variáveis de comando. Finalmente, distinguem-se modelos *estáticos* ou *dinâmicos,* de acordo com a forma como fazem intervir o factor tempo. Nos primeiros, procura-se explicar o equilíbrio alcançado num dado período, em função das características desse período ou, no caso da estática comparativa, relacionando duas situações de equilíbrio sem representar o processo que

ciente para, no presente e anos próximos – com a "folga" que os sistemas ainda concedem –, permitir também a tomada de medidas[73], surgidas da imaginação e da vontade de políticos, académicos e cidadãos em geral, que respondam satisfatoriamente aos problemas postos pelos novos dados da demografia e da economia. Como tivemos oportunidade de notar, em outro momento[74], «o facto de não se verificar uma total *consolidação* das responsabilidades financeiras não traduz[75] necessariamente uma fraqueza financeira do sistema de Segurança Social, desde que se garanta a existência de contribuições suficientes para pagar os benefícios no futuro. A estabilidade financeira da Segurança Social depende da capacidade e vontade dos trabalhadores e empregadores (ou melhor, dos cidadãos) de um país em continuar a suportar as contribuições que financiam a atribuição daqueles benefícios». E, em grande medida, isto está largamente dependente da capacidade de uma dada nação em continuar a produzir no futuro e em permitir que todos os cidadãos possam beneficiar disso mesmo.

1.3. A dívida pública implícita – que virtude e que utilidade?

Por causa das exigências em torno do cumprimento do critério de convergência nominal respeitante às finanças públicas, que implica para os Estados membros a manutenção do défice

---

conduz, por ajustamento das variáveis, uma situação a outra. No segundos, diversamente, pretende-se representar os encadeamentos temporais conducentes de uma a outra situação. *Ibidem,* pp. 141 e 142.

[73] Seja pelo lado da despesa, seja pelo lado da receita.

[74] NAZARÉ DA COSTA CABRAL, *O financiamento da Segurança Social e suas implicações redistributivas,* Associação Portuguesa de Segurança Social, 2001, p. 76.

[75] Não tem que traduzir.

orçamental abaixo dos 3% do PIB e da dívida pública abaixo do valor de 160% do PIB[76], tornou-se usual observar, partindo desta última óptica, "de balanço", de equilíbrio da Segurança Social, que o valor do endividamento estimado ultrapassa já largamente, na generalidade dos países da União Europeia, o limite fixado para a dívida pública.

Na verdade, na Europa — à semelhança do que sucede também em outros países, como sejam os Estados Unidos —, e em face de problemas comuns nos planos económico e demográfico, cujos efeitos já se começam a fazer sentir, muitos têm sido os que alertam para a verificação, desde já, de um *desiquilíbrio intertemporal* correspondente a uma *dívida implícita* da segurança social[77]. O problema que desde logo se põe, como nos diz MARVÃO PEREIRA, reside no facto de «as medidas tradicionais da dívida pública não incluírem esta diferença entre o ren-

---

[76] Contemplado, aquando da aprovação do Tratado da União Europeia, no Protocolo anexo sobre a proibição de défices excessivos.

[77] Assim ALFREDO MARVÃO PEREIRA, *Reforma do sistema de segurança social em Portugal,* in *Estratégias de Reforma do Estado Providência,* Forum de Administradores de Empresas, Lisboa, 1997, p. 166. De notar que as preocupações em torno da definição e contabilização da *dívida implícita* já haviam norteado também as propostas feitas pelo Banco Mundial, a quando da feitura do Relatório *Averting the Old Age Crisis,* tendo em vista a substituição de um sistema público de pensões marcado sobretudo pelo método da repartição, pela introdução de sistemas *multi-pilar,* nos quais, mantendo-se embora a gestão em repartição no 1.º pilar (correspondente à atribuição de uma pensão mínima aos cidadãos, no âmbito de um sistema público), já nos 2.º e 3.º (de gestão essencialmente privada), o método financeiro seria o da capitalização. Na óptica do Banco Mundial, esta será a forma adequada de garantir a sustentabilidade financeira futura dos sistemas de protecção social, pois só com a primazia de técnicas de capitalização, será possível assegurar uma adequada cobertura financeira dos compromissos com prestações sociais, minimizando ou suprimindo até a dívida implícita, enquanto problema que é já hoje estrutural nos sistemas públicos de pensões.

dimento e compromissos assumidos por parte do Sistema de Segurança Social. Esta dívida implícita assume frequentemente uma dimensão verdadeiramente assustadora»[78] [79]. E, é certo, que perante o disposto no Tratado da União Europeia e no Protocolo anexo sobre a proibição de défices excessivos, depois reafirmado no PEC, nada se prevê quanto à *contabilização* das *responsabilidades financeiras* e não cobertas (*"accrued liabilities"*) da Segurança Social, para o efeito da determinação do montante da dívida pública nos Estados membros.

O montante da dívida pública *expressa* é "visualizado" pelo montante do recurso ao crédito pelo Estado, ao contrário do que sucede na dívida pública *implícita*. Em ambas, porém, as preocupações, que são no limite de ordem teórica e até filosófica, se centram nos efeitos advenientes da especial imposição de ónus ou encargos às gerações vindouras[80]. Ou seja, em ambas, o elemento da temporalidade, atento o seu impacto plurianual ou plurigeracional, é decisivo, pelo que a abordagem não pode desligar-se, em circunstância alguma, da aceitação de princípio (ou não) da *solidariedade intergeracional*.

A transmissão intergeracional dos encargos com a protecção social tem sido objecto de análise atenta e crítica há já diversos

---

[78] *Idem,* p. 166. E conclui, afirmando que a responsabilidade líquida acumulada e não coberta por contribuições representa, nos Estados Unidos, 45% do PIB, na Alemanha 160%, no Japão 200% e, no Reino Unido, 186%.

[79] Sobre esta questão, leia-se ainda António Correia de Campos, *Solidariedade Sustentada – Reformar a Segurança Social,* Gradiva, 2000, p. 104 e 105.

[80] Como nos diz PAZ FERREIRA, «a identidade substancial entre dívida pública e obrigações assumidas no âmbito da Segurança Social leva alguns autores, como Ilde Rizzo (...), a defender um alargamento do conceito de dívida pública, por forma a abranger estas situações». Assim, EDUARDO M. HINTZE DA PAZ FERREIRA, *Da dívida pública e das garantias dos credores do Estado,* Almedina, 1995, p. 70.

anos. Com efeito, na base dos estudos de HARROD (1948), MODIGLIANI e ANDO (1963), retomados depois por FELDSTEIN (1974) e por KOTLIKOFF (1979 e 1987), foi desenvolvido o modelo *lyfe-cycle* que pretende, essencialmente, avaliar os efeitos das transferências efectuadas através Segurança Social sobre a taxa de poupança e, por conseguinte, sobre o volume da riqueza privada a transmitir[81] [82]. E para concluírem pelas consequências negativas que a introdução de um programa público de pensões baseado na técnica da repartição, acarreta a este nível. Não admira pois que, do modelo, se retirem as virtualidades, no plano da poupança, da acumulação produtiva de capital e do próprio crescimento económico, inerentes à (re)introdução de esquemas baseados na capitalização (tendencialmente de natureza

---

[81] Quanto aos elementos fundamentais deste modelo, leia-se Franco Modigliani, *The role of intergenerational transfers and life cycle saving in the accumulation of wealth,* in Journal of Economic Perspectives, Vol. 2, n.º 2, 1988, p. 15 ss.. Mais recentemente, cumpre citar Willem H. Buiter, *Generational Accounts, Aggregate Saving and Intergenerational Distribution,* in Economica, Vol. 64, Nov. 1997, p. 605 ss..

[82] No modelo, são concebidas duas fases da vida. A fase activa que corresponde à da poupança *positiva* que permite a acumulação de uma dada quantidade de riqueza (*self-accumulated wealth*) e a fase inactiva a que corresponde uma poupança negativa (*disaving*). A acumulação de riqueza na primeira fase deverá permitir ao indivíduo o seu sustento na segunda. Ora – nos termos evidenciados pelo modelo – depois que um programa público de pensões é introduzido, os indivíduos deixam de poupar. Num primeiro momento, os mais jovens, constrangidos a financiar este esquema público, reduzirão o seu consumo pela necessidade de pagarem mais contribuições sociais. Ainda nesta fase, as gerações mais velhas, já reformadas, vêem o seu consumo aumentado pois passam a beneficiar de pensões de reforma: progressivamente, as poupanças tendem a decrescer, porque quem contribui vê-se inibido de poupar e também, porque sabendo que as suas reformas serão financiadas por gerações futuras, perderão o mesmo incentivo para poupar.

privada)[83]. Naturalmente que dele acaba por decorrer a rejeição das pretensões de *solidariedade* intergeracional que, na sua génese e pela sua natureza, sempre estiveram subjacentes ao método financeiro da repartição[84].

Se é certo que construções teóricas como a do *"lyfe-cicle"* partem da ideia de que a Segurança Social pública não só afecta negativamente a poupança e a riqueza privada acumulada, como implica – nisto se assemelhando à dívida pública expressa – a *transmissão* de encargos da geração presente para gerações futuras, se é certo que, como nos diz PAZ FERREIRA, uma tal afirmação «parte de um pressuposto essencial que é o da existência de interesses diferenciados entre as várias gerações que se sucedem numa sociedade»[85], a verdade é que não deixamos de encontrar alguns (bons) argumentos teóricos em defesa e sustentação do método da repartição e, por conseguinte, da assunção de compromissos por parte do Sistema perante as gerações actuais, no pressuposto da manutenção de sacrifícios solidários das gerações futuras na concretização de tais compromissos e responsabilidades. Em termos filosóficos, estes argumentos encontram a sua base sobretudo nas teorias do *contratualismo social* que, remontando a Rousseau e Hobbes, conheceram importantes desenvolvimentos mais recentemente, sobretudo com

---

[83] Com esta tese veja-se, por exemplo, o pequeno, mas importante, texto de Laurence Kotlikoff, *Social Security,* in The New Palgrave – The Dictionary of Economics, Vol. 4, MacMillan Press, 1987, p. 415 ss..

[84] Neste plano, colocam-se pois nos antípodas dos modelos de índole keynesiana – e ainda do do *altruísmo intergeracional* de Barro (ainda que, estes, numa lógica estritamente liberal) – que, sem porem em causa esta ideia de solidariedade entre gerações, antes afirmando-a, propenderam para a tese segundo a qual a Segurança Social pública não acarreta só por si qualquer diminuição das poupanças.

[85] Eduardo M. HINTZE DA PAZ FERREIRA, *Da dívida pública...,* ob. cit., p. 70.

JOHN RAWLS[86]. Na verdade, as teorias contratualistas da sociedade, procuram superar o antagonismo dos interesses e o egoísmo das várias gerações em apreço – e que, como se viu, alicerçam importantes modelos no domínio da Segurança Social –, mediante a concepção de uma «justiça distribuída ao longo do tempo»[87]. Assim sendo, ao invés de antagonismo, existe *cooperação*. Esta visão contratualista é, depois, completada com a afirmação – ainda na perspectiva rawlsiana –, de que se põe à geração presente, a obrigação de acrescer àquilo que recebeu, «para transmitir uma herança complexiva superior às gerações sucessivas»[88].

Ora, esta linha de pensamento tem de novo especial interesse, no caso da Segurança Social. Por um lado, porque ela questiona a utilidade e acerto do "puritanismo" financeiro que norteia – e que geralmente oculta um determinado pré-conceito ideológico – as concepções da *dívida implícita*, na medida em que assentam num pressuposto de interesses egoisticamente diferenciados entre as gerações e até de verdadeiro antago-

---

[86] Como tivemos oportunidade de afirmar, noutra sede, Rawls (na sua *Teoria da Justiça*), acaba por preconizar «um esquema abstracto de redistribuição intergeracional, assente numa atitude solidária das gerações presentes, abdicando do gozo presente de bens, poupando em prol das gerações vindouras. É uma proposta de redistribuição, assente na ideia de justiça, pois, na verdade, o desconhecimento inicial da posição que cada qual vai ocupar numa dada sociedade leva a aque aqueles que venham porventura a pertencer a uma sociedade mais abundante não se importem de abdicar dessa riqueza, distribuindo-as pelas gerações futuras que estejam numa posição mais desfavorecidas». Assim, NAZARÉ DA COSTA CABRAL, *O financiamento da Segurança Social...*, ob. cit., pp. 90 e 91. Veja-se, acima de tudo, a obra fundamental de John Rawls, *Uma Teoria da Justiça,* Ed. Presença, Fundamentos, Lisboa, 1993.

[87] *Ibidem*, p. 83.

[88] Neste sentido, ainda EDUARDO M. HINTZE DA PAZ FERREIRA, *Da dívida pública...*, ob. cit., p. 88 ss..

nismo. E contrapõe-lhe uma visão de uma justiça intergeracional, determinante da cooperação numa dada sociedade ao longo dos tempos, chegando mesmo a exigir às novas gerações acrescidas e desafiantes tarefas, obrigadas assim a retribuir aos vindouros, com novos ganhos, o legado que receberam dos seus antecessores. Recordando o que atrás dissemos, subjacente existe a crença de que nestas *sociedades cooperadas,* haverá contínua – senão crescente – capacidade para produzir no futuro (melhor produtividade, novos engenhos e aptidão), afinal, a condição necessária e bastante à sustentação financeira, pelas gerações vindouras, dos sistemas de protecção com os seus idosos, incapazes ou desfavorecidos.

Há não muito tempo, esta orientação – que aponta para a cooperação entre gerações como modo de, ao mesmo tempo, justificar a preservação de um sistema público de transferências intergeracionais (v.g. o próprio modelo da repartição) e a necessidade de repensar o futuro dos sistemas de protecção social, à luz não do antagonismo redutor Estado-mercado, mas fazendo apelo à ideia mais rica e promissora de complementaridade recíproca entre Estado-mercado-família –, esta orientação, dizíamos, teve importantes desenvolvimentos com os estudos levados a cabo por G. BECKER (1988) [89] [90].

---

[89] Em especial, no texto *Family Economics and Macro Behavior,* in American Economic Review, Vol. 78, 1988, p. 1-13.

[90] HENRY NOGUÉS chama a atenção, a este propósito, para o facto de a transformação das estruturas familiares actuais ser marcada por três tendências fundamentais. Em primeiro lugar, a redução da família nuclear, mas com a manutenção de três gerações. Em segundo lugar, o enfraquecimento dos laços conjugais e, em certa medida também, dos laços familiares. Finalmente, o surgimento de novos tipos familiares (por exemplo, a família monoparental), o que determina, muitas vezes, o surgimento de situações sociais precárias ligadas ao isolamento. Assim, Henry Nogués, *La protection sociale à l'épreuve de l'évolution démographique, cit.,* p. 261.

Este economista de Chicago, baseado ainda no modelo das *gerações interligadas* (Samuelson, 1958), concebe um sistema de transferências familiares do tipo «JAV», em que «J» corresponde à juventude, «V» à velhice, e «A» à idade adulta. O essencial das transferências provêm dos activos, que formam, assim, a chamada geração "sandwich", seja em relação à geração «J», através da educação, prestações familiares, etc., seja em relação à geração «V», através das reformas, cuidados de saúde, etc.. Segundo Becker, a multiplicação destas relações ternárias permite gerar *correntes transgeracionais* de «reciprocidade indirecta» (que podem ser, portanto, *descendentes*, em favor dos jovens ou *ascendentes*, em favor dos mais velhos). Tais mecanismos, de iniciativa pública ou privada, permitem a concretização de uma cooperação que é vantajosa, porquanto permite superar as insuficiências do mercado, resolvendo o «dilema das gerações» nas relações bilaterais[91].

Ora, se é certo que as reciprocidades *descendentes* são relativamente fáceis, já que só exigem aos indivíduos a projecção da sua generosidade para lá da sua própria existência (direccionada em relação à geração dos seus próprios filhos), já as reciprocidades *ascendentes* exigem um compromisso prévio das gerações futuras sobre o «contrato» firmado, cabendo justamente ao Estado – melhor do que ninguém – o papel de garantir a validade e eficácia desse mesmo compromisso[92]. Por isso, como nos

---

[91] Neste sentido e caracterizando à exaustão o modelo beckeriano, veja-se o texto de LUC ARRONDEL e ANDRÉ MASSON, *Les transferts entre générations – L'État, le marché et les familles,* in Futuribles, n.º 247, Nov. 1999, pp. 11 e 12.

[92] De notar ainda que as transferências familiares do tipo ascendente são, portanto, bastante mais limitadas. Na verdade, as de tipo descendente ocorrem de forma diversificada e intensa ao longo da vida – designadamente, sobretudo, através das despesas que os progenitores têm em matéria de educação com os seus filhos – e, até mesmo depois da morte – *maxime*

dizem, ARRONDEL e MASSON «le point clé concerne alors le partage des rôles entre la famille et la société. Considérées isolément, les réciprocités indirectes apparaissent pour la plupart fragiles; mais elles pourraient se renforcer mutuellement, à condition de s'appuyer sur une chaîne solide de transferts ascendants publics, telle la retraite par répartition»[93]. As consequências socialmente positivas desta cadeia de transferências públicas intergeracionais – designadamente junto das famílias de mais baixos recursos – não deixarão de se fazer sentir: ao permitir que a estas quedem rendimentos livres para poderem destinar à educação dos seus descendentes, uma tal política sólida de transferências públicas em favor dos ascendentes, permitir--lhes-á, em suma, tal como se passa já com as famílias mais abonadas, uma alocação óptima dos recursos disponíveis entre as diferentes gerações. Por isso, como concluem ARRONDEL e MASSON, Becker acaba por assumir um ponto de vista completamente distinto do da *luta de gerações*, defendido pelos seus companheiros neo-liberais que evocam o risco de que as gerações futuras sejam "sacrificadas" e assim justificam a necessidade de opção por fundos de pensões assentes na capitalização, com base na insuficiência de uma poupança favorável ao crescimento económico. Becker, diversamente[94], contrapõe-lhes a necessidade

---

pela via sucessória. Já o esforço, nas sociedades contemporâneas, que as famílias têm na sustentação financeira ou outra, com os seus idosos, é muito menos significativo (é cerca de dez vezes menor). Daí que uma reforma da política de transferências deva ter em conta este contexto familiar: uma vez que as transferências de carácter ascendente, públicas e privadas, têm natureza complementar, nomeadamente nas famílias mais modestas que não podem sozinhas assegurar o encargo de sustentar os seus mais idosos, um recuo indiferenciado do Estado Providência neste domínio acarretaria consequências socialmente muito nefastas. Sobre este ponto, *vide* ainda L. ARRONDEL e A. MASSON, *idem*, p. 24.

[93] *Idem*, p. 13.
[94] Ao arrepio pois da própria "tradição" da escola de Chicago.

de uma *complementaridade dinâmica* entre solidariedades pública e privada e, acima de tudo, a ideia de que, por esta via, o progresso económico será fundamentalmente ditado pelos investimentos "libertados" em favor da educação[95][96].

2. Caracterização genérica da situação financeira da Segurança Social portuguesa

2.1. *A evolução verificada na última década*

No ponto que ora se inicia, dar-se-á nota da evolução financeira da Segurança Social, ocorrida na última década, até ao presente ano de 2004 (tendo em conta os dados atinentes à respectiva execução orçamental, oportunamente já divulgados pela Direcção-Geral do Orçamento).

Os principais elementos referentes à evolução verificada na primeira metade da década de noventa encontram-se condensados num estudo apresentado pelo então Ministério da Solidariedade e Segurança Social[97], o qual permitiu ainda identificar – precedendo aquelas que viriam a ser, depois, as análises e conclusões contidas no *Livro Branco da Segurança Social* [98] – as principais causas determinantes, ao tempo, da situação menos satisfatória em que o Sistema se encontrava e apontar, desde

---

[95] *Ibidem,*, pp. 26 e 27.
[96] Num outro plano, mais ainda pelo seu interesse, refira-se o texto de BERNARD PRÉEL, *Solidarité entre générations et solidarité de génération,* in Informations Sociales, n.º 96, onde o autor analisa a relação central, nas sociedades contemporâneas, do valor da *solidariedade* com o princípio da *autonomia individual.*
[97] *Segurança Social – Evolução recente,* 1992 a 1995, M.S.S.S., 1996.
[98] Assim, Comissão do Livro Branco da Segurança Social, *Livro Branco,* Versão final, Janeiro de 1998.

logo, as medidas a que, no imediato, se deveria lançar mão para inverter essa evolução negativa (e sem prejuízo da introdução de medidas reformadoras, de fundo, a pensar já na sustentabilidade financeira de médio/longo prazo da Segurança Social)[99].

Dos elementos carreados para este estudo, reproduzimos, para o período em apreço (1992-95), as suas principais notas:
- As despesas da segurança social correspondem a 11% do Produto Interno Bruto do país;
- 90% dos recursos do sistema são orientados para despesas correntes, sendo a quase totalidade destas prestações sociais. Na verdade, o conjunto das prestações sociais é responsável por 90% da despesa corrente da segurança social, enquanto as rubricas remanescentes – Acção Social e Administração – absorvem apenas 6% e 4% dos encargos, respectivamente.
- Do conjunto das prestações sociais, cumpre evidenciar as pensões de reforma por velhice, invalidez e sobrevivência que absorvem quase 73% dos mais de 1200 milhões de contos ao tempo afectos às prestações sociais.
- Ainda assim, notou-se já a importância crescente das prestações com o desemprego;
- Por outro lado, relevava já a parte referente ao subsídio de doença, a rondar os 7% da despesa;

---

[99] De entre tais medidas de resposta ao problema "imediato" da Segurança Social contam-se, como desenvolveremos à frente, as medidas de combate à fraude e evasão contributivas, o prosseguimento do enquadramento obrigatório de um cada uma vez maior número de trabalhadores e o cumprimento por parte do Estado, pela primeira vez em termos cabais, das respectivas obrigações perante a Segurança Social, designadamente no tocante ao financiamento, imposto pela Lei n.º 28/84 (a Lei de Bases de então), das despesas com o regime não contributivo, a Acção Social e outros regimes especiais, ditos fracamente contributivos.

- Por último, os encargos com as restantes prestações sociais correspondiam a menos de 10% da despesa global[100];
- Do lado do financiamento do Sistema, as contribuições sociais constituem a principal fonte de financiamento, representando, em 1995, cerca de 72% das receitas.
- Ainda assim, constata-se a perda gradual de importância relativa das contribuições sociais, devida, por um lado, ao aumento das transferências do Orçamento do Estado para o da Segurança Social e, por outro, ao abrandamento do ritmo de crescimento das próprias contribuições, em resultado da conjuntura recessiva que marcou a primeira metade da década.
- Assim, a segunda maior fonte de receitas da Segurança Social são as transferências do OE. As comparticipações do Estado ascenderam a 166,2 milhões de contos em 1995, contra apenas 76,8 em 1992, registando um crescimento muito significativo em 1993 e 1994[101].
- Do lado da capitalização pública, importa reter o peso ainda diminuto do activo do Fundo de Estabilização Financeira da Segurança Social (criado em 1989) que correspondia, em 31 de Dezembro de 1995, a 86,5 milhões de contos e tendo ele registado um crescimento de 15,6% em relação ao ano de 1994[102].

---

[100] Sobre estes dados, leia-se Ministério da Solidariedade e Segurança Social, *ob. cit.*, pp. 19 e 20.
[101] *Ibidem*, p. 57 e 58.
[102] *Ibidem*, p. 65.

Confrontou-se ainda, de forma sumária, o total das receitas com o total das despesas do então Regime Geral (contributivo), para o período 1992-1995:

	1992	1993	1994	1995
Receitas	976,0	1056,4	1096,6	1403,3
Despesas	819,9	934,9	1037,4	1139,4
Saldo	156,1	121,5	59,2	263,9

Fonte: *M.S.S.S., 1996.*

Da leitura do quadro, concluiu-se por um crescimento cada vez menor, até 1994, do saldo positivo do Regime Geral, tendência que, todavia, foi invertida no ano de 1995, devido a dois factores essenciais: por um lado, foi considerada a receita correspondente à cessão de créditos efectuada à Direcção-Geral do Tesouro, correspondente a contribuições que não foram recebidas ao longo de vários anos, acrescidas dos respectivos juros (70 milhões de contos de contribuições devidas e 110 milhões de contos em juros) e também pelo facto de ter sido introduzido, pela primeira vez no ano de 1995, o IVA social[103].

Ainda assim, as contas da segurança social foram gravemente deterioradas pela ocorrência de dois importantes fenómenos. De um lado, um forte crescimento das contribuições em dívida[104][105]. Do outro, o incumprimento, por parte do Estado,

---

[103] *Ibidem*, p. 59.

[104] Conforme esclarece Fernando Marques, «no final de 1995, é indicado oficialmente o valor de 425 milhões de contos, o que representa 37 por cento das contribuições previstas, mas aquele valor incluirá a cessão de créditos, no montante de 180 milhões de contos à Direcção-Geral do Tesouro. O Estado (...) em vez de obrigar os empregadores a satisfazer os seus compromissos perante a Segurança Social passa a substituí-los...» E, logo acrescenta, «apesar da dimensão dos números, eles não traduzem a situação real das dívidas. A principal razão é a de que não são contabilizados os juros, mas o actual Secretário de Estado admitiu que se fossem

do disposto na Lei de Bases da Segurança Social no tocante às transferências para o OSS[106].

Para o período imediatamente subsequente (1995-2000) e com base nas fontes oficialmente divulgadas[107], foram elaborados alguns estudos elucidativos. De entre eles, destacamos o de João Gonçalves (2002) [108], do qual resultam as seguintes indicações fundamentais:
- O número de beneficiários activos inscritos no regime geral de segurança social cresceu, no período de 1995-98, cerca

---

incluídos a dívida poderia duplicar.». Assim, Fernando Marques, *Evolução e Problemas da Segurança Social em Portugal no após 25 de Abril*, Edições Cosmos, Lisboa, 1997, pp. 135 e 136.

[105] Mas para além das dívidas à Segurança Social, o mesmo autor evidencia, como facto aliás moralmente mais grave, a forte evasão de contribuições, em resultado de três aspectos principais: a não inscrição de trabalhadores na Segurança Social; a inscrição de trabalhadores em regime inadequado; e a declaração de remunerações inferiores às praticadas. *Ob. cit.*, p. 137.

[106] Este facto foi enfatizado nos trabalhos da Comissão do Livro Branco da Segurança Social. Neste, afirma-se, com efeito, que nos anos «que decorreram entre 1985 e 1995 as transferências do OE em dívida à segurança social ascenderam a 1206,4 milhões de contos. Deste facto resultou uma forte e continuada pressão sobre os saldos anuais do regime geral da segurança social. Por força da confusão que se estabeleceu entre a função previdência e a função de solidariedade, do facto resultou um virtual sacrifício dos beneficiários do regime geral, cujas prestações sociais se foram mantendo a nível inferior do que seria possível, caso o Estado tivesse cumprido na íntegra a Lei de Bases». Assim, em *Livro Branco da...*, cit., pp. 89 e 90.

[107] Desde logo, a publicação, da responsabilidade do Instituto de Informática e Estatística da Solidariedade, *Séries Estatísticas da Segurança Social, 1990 – 1998*, 2.ª ed., 1998.

[108] *Segurança Social em Portugal – uma avaliação da situação actual*, in *Portugal 1995-2000, Perspectivas de Evolução Social*, DEPP/MTS, Celta, 2002, p. 181 ss..

de 2%, correspondendo a um aumento aproximado de 77.700 beneficiários, apesar do abaixamento verificado de 43.721 beneficiários de 1995 para 1996.
- O número total de pensionistas no período de 1995-2000 cresceu cerca de 6%, traduzindo um aumento de 137.000 pensionistas aproximadamente. Este comportamento deve-se, sobretudo, ao crescimento registado de 272.000 de pensionistas do regime geral, contra o decréscimdo do número de pensionistas do Regime Especial de Segurança Social das Actividades Agrícolas (RESSAA) e do Regime Não Contributivo e Equiparados (RNCE), respectivamente 106.000 e 29.000[109].
- Dentro do regime geral, assistiu-se a um crescimento significativo do número de pensionistas de velhice (19,8%), contrariamente ao que sucedeu com os pensionistas de invalidez que conheceram um crescimento pouco expressivo (4,5%).
- No que toca às demais prestações, cumpre destacar o crescimento bastante acentuado, durante este período, das prestações com encargos familiares e a maternidade e, bem assim, a partir 1998, das prestações no desemprego[110].

---

[109] Tal deve-se ao facto, como também explica o autor (*ob. cit.*, pp. 184 e 185), de, por um lado, o RESSAA ser um grupo fechado e de, por outro lado, o RNCE conhecer uma diminuição progressiva do número dos respectivos beneficiários, a qual é concomitante com o aumento do número de inscritos no regime geral ou contributivo e, portanto, ao preenchimento das condições (designadamente, a contributividade) para beneficiarem da protecção legalmente garantida no âmbito deste outro regime.

[110] O que se deveu, quanto a nós, não ao agravamento da situação de desemprego, mas essencialmente à aprovação do novo regime da protecção social no desemprego (Decreto-Lei n.º 119/99, de 14 de Fevereiro) que se assumiu como mais "generoso" perante o anterior, designadamente quanto à duração do período de tempo de atribuição das prestações.

- Apesar disto, as pensões continuam a preencher uma grande parte das despesas correntes da Segurança Social, correspondendo a cerca de 65% das despesas com prestações pecuniárias.
- Entretanto, por virtude da introdução, a partir de 1996/97, da prestação do Rendimento Mínimo Garantido (RMG), assistiu-se, como é natural, a uma taxa de crescimento elevadíssima, de 1998 para 1999, na ordem dos 65%, conhecendo desde então (de 1999 para 2000) um crescimento bastante mais moderado (na ordem dos 8%). Assim sendo, em Maio de 2000, o número de beneficiários abrangidos pelo RMG rondava os 440.000.

Confrontando, agora, as receitas com as despesas do Sistema, o mesmo autor apresenta o seguinte retrato: embora as receitas das contribuições sociais tenham registado um crescimento inferior ao das despesas com prestações, a verdade é que, neste período (até 2000), as receitas totais do sistema cresceram a um ritmo mais elevado que as despesas totais. Por outro lado, e embora o valor absoluto das receitas das contribuições tenha crescido, ele tem um peso relativo menor em face das demais fontes de financiamento, em virtude quer da introdução do IVA social, quer do aumento significativo das transferências do OE para o OSS, dando-se assim, afinal, cumprimento ao disposto na Lei de Bases[111].

A estes dados, há a juntar, por fim, a informação relativa à capitalização pública da estabilização, a qual conheceu, no período em causa, um crescimento extraordinário. Na verdade, o valor da carteira do Fundo de Estabilização Financeira da Segurança

---

[111] *Ob. cit.*, pp. 195 e 196.

Social passou de menos de 475 milhões de euros para cerca de 3800 milhões de euros a preços de mercado, em finais de 2001[112].

De 2002 ao ano de 2004 (coincidente, portanto, com a mudança de governo e a formação dos XV e XVI Governos Constitucionais), o panorama foi marcado pelas seguintes notas fundamentais. Assistiu-se a uma inversão no crescimento do saldo do OSS (*maxime* do saldo do Subsistema Previdencial), em grande medida motivada pela situação de abrandamento do crescimento económico e de recessão, verificados respectivamente, em 2002 e 2003 e que determinaram no nosso país o aumento muito significativo da taxa de desemprego. Na verdade, como nos é dito pelo Relatório da Conta Geral do Estado/2003 «a segurança social, contrariamente ao ano anterior, evidencia uma degradação do seu saldo global em 0,2 pontos percentuais do PIB. Para esta alteração, muito contribuiu a contracção da actividade económica que se reflectiu no aumento da despesa associado às políticas de protecção ao desemprego e respectivos subsídios»[113]. Em relação concretamente ao Subsistema Previdencial, assistiu-se a uma redução, na execução do OSS/2003, de 43,7 por cento relativamente a igual período do ano anterior, em virtude de um crescimento da receita efectiva (contribuições sociais e outras) mais suave –

---

[112] Assim, PEDRO MARQUES (coord.), *A Sustentabilidade Financeira do Sistema de Solidariedade e Segurança Social,* Ministério do Trabalho e da Solidariedade, 2002, p. 24.

[113] Veja-se o Relatório no *sítio* www.dgo.pt, p. 17. Um outro factor associado a esta degradação prendeu-se com o processo de convergência das pensões mínimas ao salário mínimo nacional, determinante de um acréscimo significativo da despesa.

+3,2 por cento – do que o crescimento da despesa efectiva (prestações substitutivas do trabalho) – + 10,8 por cento[114] [115].

2.2. Cenários prospectivos

2.2.1. As conclusões do Livro Branco da Segurança Social

As perspectivas de evolução do sistema de segurança social português apontadas pela Comissão do Livro Branco da Segurança Social tiveram por ponto de partida o projecto de investigação da autoria CISEP/CIEF/FEDEA[116] denominado *Reforma do Sistema de Segurança Social – Cenários Prospectivos de Estruturação e Financiamento, 1995-2050*[117]. O estudo assentou num con-

---

[114] *Idem*, p. 162.

[115] De notar ainda que esta deterioração parece ainda não ter sido invertida, apesar de haver indicadores que apontam já no sentido da recuperação da economia portuguesa. Na verdade, como dá conta a Síntese da Execução Orçamental, referente ao 1.º semestre de 2004, constata-se ainda um menor crescimento da receita efectiva em face do da despesa efectiva, de que resulta, nomeadamente no que toca ao subsistema Previdencial, uma redução do respectivo saldo na ordem dos 41,4% relativamente a igual período do ano anterior. Consulte-se esta Síntese no mesmo *sítio*.

[116] CISEP – Centro Investigação sobre Economia Portuguesa e CIEF – Centro de Investigação de Economia Financeira, ambos do Instituto Superior de Economia e Gestão da Universidade Técnica de Lisboa. FEDEA – Fundacion de Estudios de Economia Aplicada.

CISEP – Centro Investigação sobre Economia Portuguesa (do Instituto Superior de Economia e Gestão da Universidade técnica de Lisboa)

[117] Os estudos, elaborados a pedido da Comissão, comportam três variantes essenciais. Uma primeira, tendo por base um conjunto de projecções iniciais, identifica resultados financeiros de várias hipóteses mutuamente exclusivas: (1) nada fazer; (2) aumentar as pensões em cada ano, em um ponto percentual acima do índice de preços ao consumidor (IPC); (3) reduzir a taxa de substituição de 80% para 70%; (4) alargar o período de

junto de projecções demográficas fornecidas pela Eurostat[118] e no desenvolvimento de cenários macroeconómicos, baseados em outros tantos dados institutionais internos e internacionais[119]. A conclusão principal dele resultante foi a de que, nesse momento e no curto prazo a situação era conjunturalmente boa, mas a prazo, nada se modificando, o simples decurso do tempo acarretaria a ruptura financeira do sistema. Com efeito, se nenhuma reforma fosse introduzida, a ruptura do sistema ocorreria entre 2010 e 2015, podendo ser adiada por um

---

cálculo da pensão de 15 para 25 anos; (5) e prolongar a idade da reforma de 65 para 68 anos. Uma segunda variante, sob o título *O plafonamento: efeitos da sua implementação*, projecto as consequências da introdução de um limite de contribuições e benefícios fixado nos 4 salários mínimos. Um terceira variante, intitulada *Combinação de medidas*, descreve o que acontece no modelo, se combinadas várias medidas: o prolongamento do período de cálculo para a formação da pensão de 25 para 40 anos, combinado com o prolongamento da idade legal de reforma de 65 para 68 anos; os anteriores e ainda a redução da taxa de substituição de 80% para 70%; os anteriores mais o "plafonamento" a 4 salários mínimos. Neste sentido, Comissão do Livro Branco, *Livro Branco...*, p. 106.

[118] Assim, no período em análise, o índice sintético de fecundidade subiria de 1,53 para 1,7; a esperança de vida aumentaria moderadamente de 78,2, para 84 anos nas mulheres e de 71 para 78 anos nos homens; a verificação de saldos migratórios moderadamente positivos. Pelo que, em 2030 a população com mais de 65 anos rondaria os 20,4%. Com esta síntese, *vide* António Correia de Campos, *Solidariedade Sustentada*, cit., p. 110.

[119] O cenário macroeconómico assentada no crescimento do PIB real em 2,25% em 2000, 2,15% em 2005, 2% até 2020 e 1,5% de 2025 a 2050; em acréscimos de produtividade de 2% de 2000 a 2020 e de 1,5% até 2050; o emprego subiria a 0,25% ao ano até 2005, de 0,15% de 2005 até 2010, para se estabilizar a seguir; os salários reais subiriam a 1,5% de 2000 até 2020, baixando depois para 1% até ao fim do período; a inflação manter-se-ia constante em 2,5 % durante todo o período; e a taxa de desemprego atingiria um máximo de 5% em 2010, declinando lentamente até 3,8% em 2050. Neste sentido, ainda António Correia de Campos, *idem*, p. 110.

período de cinco anos em virtude da eventual introdução de alguns paliativos. Ao invés, só a adopção conjugada de todas as medidas avançadas na terceira variante do projecto de investigação – recordando, o prolongamento do período de cálculo para a formação da pensão de 25 para 40 anos, combinado com o prolongamento da idade legal de reforma de 65 para 68 anos, com a redução da taxa de substituição de 80% para 70% e ainda com o "plafonamento" a 4 salários mínimos – conseguiria, no entender da Comissão do Livro Branco, solucionar o problema da sustentabilidade financeira da segurança social no longo prazo[120], protelando a emergência de uma situação deficitária.

2.2.2. As conclusões da Equipa Técnica para os Aspectos do Financiamento da Segurança Social do Ministério do Trabalho e da Solidariedade [121]

Utilizando ainda, à semelhança do estudo anteriormente referido, o método dos *cenários prospectivos*[122], a Equipa Técnica em

---

[120] Ainda que descurando, como é reconhecido no *Livro Branco* (ob. cit., p. 106), o seu impacto no plano da coesão social.

[121] Esta Equipa foi constituída no âmbito de processo de regulamentação da Lei de Bases anterior à actual, a Lei n.º 17/2000, e foi coordenada por Pedro Marques. Do desenvolvimento dos respectivos trabalhos resultou, além da produção do relatório já aqui mencionado e que servirá largamente para a documentação deste ponto, *A Sustentabilidade Financeira do Sistema de Solidariedade e Segurança Social,* ainda a preparação do projecto de diploma que redundou depois na aprovação do Decreto-Lei n.º 331/2001, de 20 de Dezembro, relativo à concretização do princípio da *adequação selectiva das fontes de financiamento* da Segurança Social. De notar ainda que, no quadro da actual LBSSS, ainda não foi efectuado estudo idêntico, trabalho que reputaríamos útil e necessário, até para averiguar o impacto financeiro previsível inerente à introdução do *plafonamento* e que é, como veremos adiante, uma alteração significativa desta última Lei.

[122] Além deste método, indica-nos ainda Correia de Campos a existência de três outros estudos baseados em três outros métodos diferenciados: o

apreço procedeu todavia a alguns aperfeiçoamentos e actualizações. Estas actualizações foram o resultado das alterações de alguns dos dados de partida do modelo actuarial de simulação de pensões *Modpens*, desenvolvido pela espanhola *Fundacion de Estudios de Economia Aplicada* (FEDEA) e utilizado pelo CISEP/CIEF/FEDEA no estudo feito para a Comissão do Livro Branco (Mod PensPor).

A alteração de pressuspostos mais significativa prendeu-se com uma mais adequada expressão das responsabilidades do Orçamento do Estado no financiamento de uma parte importante das despesas da Segurança Social, o que não fora levado em devida conta no modelo inicialmente concebido. Exemplo disso foi a "transferência" para o OE da responsabilidade com o financiamento dos complementos sociais de pensão (tendo em conta o disposto na Lei n.º 17/2000) e que representavam em 2000 cerca de 6% do valor total das pensões, estimando-se uma evolução até 15% em 2015. Procedeu-se ainda à desagregação do *subsídio de desemprego* e do *subsídio social de desemprego*, pois que, fazendo aquele parte do Subsistema Previdencial, é financiado apenas por contribuições sociais e este, integrado no Subsistema Protecção Social de Cidadania, em exclusivo por transferências do OE. Assistiu-se também a uma recolocação das despesas com os encargos familiares – porque incluídas, com a Lei n.º 17/2000, no novo Subsistema Protecção à Família – e à não consideração, por esse facto, do IVA social como receita do Subsistema Previdencial, já que afecto apenas ao financiamento daquele outro e das políticas activas de emprego.

---

estudo de Medina Carreira, incorporado também no Livro Branaco, baseado no método da *acomodação fiscal à projecção das despesas*; o estudo de Pedro Duarte Silva, ainda no contexto da preparação do mesmo Livro Branco, fundado no método das *tendências evolutivas*; e, por último, o estudo de Marvão Pereira, já aqui referido, fundado no método da *dívida implícita*. Assim, ob. cit., p. 112-116.

Alterações houve também em matéria de estimação das despesas com o pagamento do subsídio de doença e da protecção na maternidade, de administração, taxa contributiva global, e média da carreira contributiva máxima[123].

Foram, por outro lado, mantidas as projecções relativas aos dados da demografia e que tinham servido aos estudos encomendados pela Comissão do Livro Branco. Já no que toca ao cenário macroeconómico central, procedeu-se a algum aperfeiçoamento, com base em fontes de referência diversas das que tinham informado o projecto CISEP/CIEF/FEDEA. O referencial de base foi agora o Pacto de Estabilidade e Crescimento (PEC, versão de Dezembro de 2001). Para além desta, procurou-se utilizar outra fonte que, pela sua natureza, fosse a mais abrangente e coerente, atributos encontrados no *Progress Report to the Ecofin Council on the Impact of Ageing Populations on Public Pension Systems* (Comité de Política Económica da União Europeia, Novembro 2000). Com base nestes documentos, resultaram os seguintes aperfeiçoamentos ao cenário inicial que sintetizamos: (1) crescimento nulo do emprego a partir de 2021 associado à estabilização da população activa; (2) adopção (resultante do PEC) da previsão de crescimento real das remunerações de cerca de dois pontos percentuais até 2005; (3) em relação à taxa de desemprego, foi considerada como hipótese uma redução progressiva da taxa da população activa desempregada, mas assumindo que a taxa de desemprego não baixará dos 3,5%; (4) quanto à inflação, considerou-se ao longo do cenário um contexto de estabilidade do nível de preços na economia, tendo por base as próprias premissas do PEC para o curto prazo; (5) em resultado, a actualização médias das pensões foi simulada admitindo uma evolução real indexada ao cresci-

---

[123] Sobre todas estas questões, leia-se o citado Relatório *A Sustentabilidade Financeira do Sistema...*, p. 20-22.

mento real dos salários, mas com um crescimento superior em 1 ponto percentual nos próximos dez anos[124].

Posto isto, conclui o estudo que «em 2016 o subsistema Previdencial entra em défice, sendo que nos subsequentes, *e até 2034*, é possível financiar desses défices através de transferências do Fundo de Estabilização Financeira da Segurança Social (Reservas Globais Acumuladas). A partir de 2016, como o subsistema Previdencial entra em défice, não mais é efectuada a transferência anual de parte da taxa contributiva a cargo dos trabalhadores para capitalização do FEFSS»[125] [126].

De notar, por fim e em todo o caso, que estas projecções não levam ainda em linha de conta o efeito resultante das reformas entretanto encetadas, no contexto do processo de aprovação e regulamentação da Lei n.º 17/2000, e que terão claro impacto financeiro. De entre elas, cumpre destacar a aprovação das novas regras de cálculo das pensões (a que voltaremos), que trarão efeitos positivos – assim se espera –, quer do ponto de vista da

---

[124] *Idem*, p. 35.
[125] *Ibidem*, p. 36.
[126] Note-se que – e como adiante voltaremos a assinalar – o Fundo de Estabilização Financeira da Segurança Social é "alimentado", entre outras, pelas receitas provenientes de «uma parcela entre dois e quatro pontos percentuais do valor percentual correspondente às quotizações dos trabalhadores por conta de outrem, até que aquele... assegure a cobertura das despesas previsíveis com pensões, por um período mínimo de dois anos» (n.º 1 do artigo 111.º da LBSSS). Este objectivo é, sem dúvida, muito ambicioso. Ora, dada a previsão de emergência do défice do Subsistema Previdencial na data antes indicada, havendo, a partir de então, a necessidade de utilizar as reservas acumuladas neste Fundo, muito dificilmente será possível que elas consigam assegurar, em algum momento, a cobertura de tais despesas da forma assim ambicionada. Esta dúvida é tanto mais curial, quanto a execução do OSS, nos dois últimos exercícios orçamentais, deixa antever, como veremos, um deterioração – porventura maior do que o que se avizinhava à luz daquele cenário – das "finanças" deste subsector.

taxa de substituição dos salários por pensões, moderando o crescimento desta despesa, quer no plano da indução dos comportamentos dos contribuintes (pela relevância que agora é dada aos salários tributados ao logo de toda a carreira contributiva no estabelecimento da remuneração de referência), incrementando, portanto, a cobrança de receita.

3. Algumas respostas e seu impacto financeiro previsível

3.1. *As novas regras de cálculo das pensões de reforma*

Os problemas de sustentabilidade financeira do sistema de segurança social que são, como vimos, à luz dos diferentes métodos e critérios *supra,* problemas que se hão-de colocar sobretudo no médio-longo prazo, aconselham, em todo o caso, que desde já sejam ponderados diversos tipos de resposta, seja pelo lado da receita, seja pelo lado da despesa. Estas medidas de reforma, sugeridas e testadas na generalidade dos países da União Europeia que experimentam idênticos desafios e motivos de preocupação, têm sido por nós equacionadas também, justamente após o amplo debate académico, técnico e político aberto pelos trabalhos de produção do *Livro Branco da Segurança Social* (1998). E, como vimos, a conclusão a que largamente neste se chegou foi a de que *a melhor solução para aqueles problemas não se reconduz à adopção, em exclusivo, desta ou daquela medida, mas à implantação combinada de diferentes medidas*[127].

---

[127] Tem-se assistido, de facto, nos últimos à consagração na generalidade dos países da União Europeia (até por recomendação das instâncias comunitárias) de opções políticas que, partindo embora das experiências retiradas dos modelos tradicionais de Segurança Social, especialmente do modelo

laborista ou *bismarckiano* e do modelo *universalista* ou *beveridgeano*, tentam caminhar para a construção de modelos mistos de protecção social, seja do lado da despesa, seja sobretudo do lado da receita, com o objectivo último de garantir a preservação do próprio modelo social europeu e uma "nova composição do bem-estar". Do lado da despesa, pretende-se condicionar o acesso e a dimensão do(s) direito(s) à segurança social (v.g. às próprias prestações sociais), o que tem sido concretizado através de um conjunto diversificado de medidas: aumento da idade legal de reforma, limitação do acesso às reformas antecipadas, restrição do acesso à protecção nas mais diversas eventualidades (mesmo nas prestações imediatas, por exemplo, no desemprego e na doença), o controlo e sanção do acesso indevido, etc.. Neste sentido, também Bernard Gazier, *Prospective de la Sécurité Sociale: quelques jalons du point de vue économique*, in *Un siècle de protection sociale*, Comité d´Histoire de la Sécurité Sociale, Paris, 2001, p. 248. Do lado da cobrança da receita, procura-se obviar à insuficiência do financiamento em exclusivo pela via parafiscal (como sucede no modelo laborista) ou pela via fiscal (como acontece no modelo universalista), procurando-se, ao invés, "convergir para o centro" na procura das soluções mais ajustadas ao equilíbrio financeiro de médio e longo prazo do Sistema. A consagração, por exemplo, do princípio da diversificação das fontes de financiamento (entre nós, actualmente, no artigo 108.º da LBSSS) é disso comprovativo. Sobre esta questão, leia-se o texto de referência de Maurizio Ferrera e outros, *The future of Social Europe – recasting work and welfare in the New Economy*, Celta ed., Ministério do Trabalho e da Solidariedade, Oeiras, 2000. As conclusões e as propostas formuladas nesta obra serviram, aliás, de "base teórica" para a definição de novas linhas e paradigmas de actuação, no domínio económico e social, e foram assumidas estratégica, institucional e politicamente no seio da União Europeia durante a última Presidência portuguesa, na conhecida «Cimeira de Lisboa» (dando origem à não menos citada *Estratégia de Lisboa*), ocorrida em Março de 2000. Daqui seguiu-se, na verdade, a elaboração da importante *Comunicação da Comissão ao Conselho, ao Parlamento Europeu, ao Comité Económico e Social e ao Comité das Regiões. Agenda para a Política Social*. COM (2000), 379 final, de 28/6/2000, e que pretendeu apresentar um programa quinquenal (2000-2005), com vista à concretização de uma abordagem comunitária global e coerente do "Social". A principal inovação resultou na afirmação da ideia de que a política social deve ser encarada em geral, não apenas como forma de distribuir recursos entre indivíduos e grupos sociais, mas antes de mais, como verdadeiro *factor produtivo*. A *Agenda* apresentou assim um triângulo interactivo entre políticas consideradas agora como interdependentes: a política social (subordinada a objectivos de qualidade e coesão sociais), a política económica (sob o signo da competitividade e do dinamismo) e a política de emprego (tendo em vista o pleno emprego e a qualidade do trabalho). No que toca especificamente à protecção social, matéria considerada tradicionalmente, como do domínio da *subsidiariedade* (e, por via disto, da competência preferencial dos Estados membros), a União Europeia tem estado, apesar de tudo, apostada numa maior concertação dos Estados em algumas áreas. Sobretudo procurando em documentos de carácter não vinculativo apontar-lhes estratégias comuns de reforma, a ensaiar ou aplicar nos respectivos sistemas de segurança social. Exemplo disso mesmo havia sido, um ano antes, a proposta da Comissão Europeia, *Uma Estratégia Concertada de Modernização da Protecção Social* (COM (1999) 347) e que viria a ser confirmada no Conselho de Lisboa. Nesta proposta, sugere-se justamente – como atrás se disse –, em ordem à preservação da sustentabilidade financeira dos sistemas de segurança social (*maxime* dos sistemas de pensões) a adopção conjugada de um conjunto de medidas, quer do lado da despesa, tendo em vista a contenção do seu crescimento, quer do lado da receita, com vista ao aumento dos financiamentos disponíveis. Sobre esta questão, ainda Comissão das Comunidades Europeias, *Relatório sobre a Protecção Social na Europa 1999*, COM (2000), 163 final, de 21 de Março de 2000. Por sua vez, na *Agenda para a política social, cit.*, que viria a ser adoptada no Conselho de Nice de Dezembro de 2000, advogou-se lançou-se ainda a ideia de *transversalidade* da política de protecção social, ou seja, que esta é *mainstreaming* de outras tantas políticas comunitárias (a política fiscal comunitária, a política da concorrência, a cidadania europeia, etc..). Este facto deve incentivar o reforço da própria intervenção comunitária nesse sentido, tendo, aliás, por base o disposto no próprio Tratado (cf. artigo 136.º). Sobre esta questão, veja-se, para maiores detalhes, Antoine Math e outro, *Les pensions en Europe: débats, acteurs et méthode*, in Revue Belge de Sécurité Sociale, 2e trimestre, 2001, p. 345 ss. e Lydia Povie, *Vers la Globalisation de la Politique Sociale Européenne: Une tendance soutenue par l'horizontalité de politiques communautaires spécifiques, idem*, p. 281 ss..

Uma das mais importantes alterações, aprovadas na sequência da Lei n.º 17/2000 e do disposto no respectivo artigo 57.º, foi a consagração das novas regras de cálculo das pensões de velhice e de invalidez (com a aprovação do Decreto-Lei n.º 35/2002, de 19 de Fevereiro), com o claro propósito de ter como base daquele cálculo, «de modo gradual e progressivo (...) os rendimentos de trabalho, revalorizados, *de toda a carreira contributiva*[128]» (assim, n.º 3 do artigo 57.º daquela Lei de Bases). Nisto se deu uma importante alteração perante o regime anterior (constante do Decreto-Lei n.º 329/93, de 25 de Setembro)[129], do qual resultava que a remuneração de referência, para efeitos de determinação do valor da pensão, era apurada com base na média dos 10 anos civis a que correspondessem as remunerações mais elevadas, compreendidas nos últimos 15 anos com registo de remunerações (cf. n.º 1 do seu artigo 33.º).

O objectivo foi duplo: concretizar, neste plano, uma mais efectiva justiça social e, ao mesmo tempo, contribuir para o reforço da sustentabilidade financeira futura do nosso sistema de pensões. Assim e como em outro momento tivemos oportunidade de suscitar: «Perguntar-se-á em que medida esta disposição que tem vista, aparentemente, sobretudo objectivos de moderação, no longo prazo, das pensões a atribuir, contribuirá, quando concretizada, para permitir uma maior justiça social, já que também ela vertida em mecanismo de solidariedade laboral. Na verdade, assim o será, pois que a consideração de toda a carreira permitirá obviar aos efeitos perversos, do ponto de vista da justiça social, advenientes da *manipulação estratégica* das carreiras que o sistema hoje ainda permite, para além de permitir reproduzir mais fidedignamente o esforço contributivo de uma vida, relevando-se assim, com outra dignidade,

---

[128] Itálico nosso.

carreiras contributivas mais longas, sobretudo a de trabalhadores que, por necessidade, durante mais tempo houveram de trabalhar»[130].

Existiu, por outro lado, uma outra e nova preocupação: a de fazer depender o valor da pensão quer da duração da carreira contributiva (relevando esta agora, não apenas como antes, em sede de formação da pensão, mas também na determinação do valor da própria remuneração de referência), quer do valor dos rendimentos perdidos a substituir. Esta novidade visa assim diferenciar positivamente rendimentos mais baixos, os quais poderão gozar – desde que em carreiras contributivas longas –, de taxas de formação anuais mais elevadas que outros rendimentos superiores[131] [132].

---

[129] E que todavia, transitoriamente, ainda se manterá em vigor por alguns anos, por forma a assegurar, justamente, o gradualismo da introdução das novas regras e, por conseguinte, o respeito por direitos adquiridos e em formação.

[130] Assim NAZARÉ DA COSTA CABRAL, *A Nova Lei de Bases do Sistema de Solidariedade e Segurança Social (Comentários às suas principais inovações)*, in Cadernos de Política Social, n.º 2-3, 1999-2000, p. 255.

[131] E assim se concretizando o princípio da *regressividade das taxas de substituição* previsto, ao tempo, no n.º 4 do artigo 57.º da Lei de Bases.

[132] São estas, assim, as novas regras:

A) Remuneração de referência – A remuneração de referência, para efeitos do novo cálculo da pensão, passa a ser aquela que resultar da média das remunerações anuais revalorizadas de toda a carreira contributiva. Quando o número de anos civis com registo de remunerações for superior a 40, considera-se, para apuramento da remuneração de referência, a soma das 40 remunerações anuais revalorizadas mais elevadas.

B) Taxa de formação da pensão: 1. *Beneficiários com 20 ou menos anos de contribuições* – a taxa anual de formação da pensão estatutária dos beneficiários é de 2% por cada ano civil relevantes para efeitos de taxa de formação da pensão, sendo a taxa de formação global o produto de taxa anual pelo número de anos com registo de remunerações relevantes para o efeito; 2. *Beneficiários com mais de 20 anos de contribuições* – taxa anual de formação da pensão estatutária dos beneficiários é regressiva por referência ao valor da respectiva remuneração de referência, nos termos seguintes:

Definição das parcelas da remuneração de referência (RR) por indexação ao valor do salário mínimo nacional (SMN)		Taxas anuais (em %)
1ª Parcela	Até 1,1 x SMN	2,3
2ª Parcela	Superior a 1,1 x SMN até 2 x SMN	2,25
3ª Parcela	Superior a 2 x SMN até 4 x SMN	2,2
4ª Parcela	Superior a 4 x SMN até 8 x SMN	2,1
5ª Parcela	Superior a 8 SMN	2,0

A taxa de formação da pensão estatutária destes beneficiários é, em cada uma das parcelas que compõem a remuneração de referência, igual ao produto da taxa anual pelo número de anos civis com registo de remunerações relevante para o efeito.

C) Determinação do montante da pensão

Na nova fórmula de cálculo, o montante da pensão será aquele que resultar da consideração da média das remunerações revalorizadas da *totalidade da carreira contributiva*, bem como dos *mecanismos de diferenciação positiva da taxa de formação da pensão referidos*. Assim: o montante mensal da pensão estatutária é obtido por aplicação das fórmulas *infra*, consoante o número de anos civis com registo de remunerações e o valor das remunerações de referência; para os beneficiários com 20 ou menos anos civis relevantes para taxa de formação da pensão, a fórmula de cálculo é a seguinte: **P = RR x 2% x N;** para os beneficiários com mais de 20 anos civis relevantes para taxa de formação da pensão, a fórmula de cálculo é a seguinte:

a) Se a remuneração de referência for igual ou inferior a 1,1 salário mínimo nacional: **P = RR x 2,3% x N;**

b) Se a remuneração de referência for superior a 1,1 salário mínimo nacional e igual ou inferior a 2 vezes o salário mínimo nacional: **P = (1,1 SMN x 2,3% x N) + [(RR − 1,1 SMN) x 2,25% x N];**

c) Se a remuneração de referência for superior a 2 vezes o salário mínimo nacional e igual ou inferior a 4 vezes o salário mínimo nacional: **P = (1,1 SMN x 2,3% x N) + (0,9 SMN x 2,25% x N) + [(RR − 2 SMN) x 2,2% x N];**

d) Se a remuneração de referência for superior a 4 vezes o salário mínimo nacional e igual ou inferior a 8 vezes o salário mínimo nacional : **P = (1,1 SMN x 2,3% x N) + (0,9 SMN x 2,25% x N) + (2 SMN x 2,2% x N) + [(RR – 4 SMN) x 2,1% x N]**;
e) Se a remuneração de referência for superior a 8 vezes o salário mínimo nacional: **P = (1,1 SMN x 2,3% x N) + (0,9 SMN x 2,25% x N) + (2 SMN x 2,2% x N) + (4 SMN x 2,1% x N) + [(RR – 8 SMN) x 2% x N]**.

Em que:
– P, o montante mensal da pensão estatutária;
– RR, a remuneração de referência;
– N, o número de anos civis com registo de remunerações relevantes para efeitos da taxa de formação da pensão, com o limite de 40;
– SMN, o montante da remuneração mínima garantida à generalidade dos trabalhadores em vigor à data do início da pensão.

D) Período de transição entre a aplicação destas novas regras e as antigas (resultantes do Decreto-Lei n.º 329/93) – como forma de garantir o gradualismo da implementação das novas regras, como exigiu a Lei n.º 17/2000

a) *Tripla garantia na fórmula de cálculo das pensões*

Todos os beneficiários com inscrição até 31 de Dezembro de 2001 e que se reformem entre 1 de Janeiro de 2002 e 31 de Dezembro de 2016, bem como todos os beneficiários que em 31 de Dezembro de 2001 tiverem cumprido o prazo de garantia, será calculada a pensão de reforma: pela fórmula antiga (remuneração de referência tendo em conta os 10 melhores dos últimos 15 anos e taxa de formação anual da pensão sempre igual a 2%); pela nova fórmula (melhores 40 anos, revalorizados e diferenciação positiva das taxas de formação anual da pensão); de modo proporcional aos períodos da carreira cumpridos na vigência de cada uma das fórmulas referidas (antiga e nova), nos seguintes termos:

$$P = \frac{P1 \times C1 + P2 \times C2}{C}$$

Em que:
– P, é o montante mensal da pensão estatutária;
– P1, a pensão calculada por aplicação da fórmula antiga;
– P2, a pensão calculada por aplicação da fórmula nova;

Por fim e não obstante ser expectável que deste novo regime resultem "ganhos" para a Segurança Social, quer pela tal moderação que se espera assim obter, no longo prazo, no crescimento do valor das pensões (e da despesa respectiva), quer pelo incentivo dado aos contribuintes do sistema para que incrementem e mantenham o respectivo esforço contributivo ao longo de toda a carreira contributiva, ao invés de o concentrarem apenas nos últimos 15 anos (do que se espera um aumento de receita), é contudo por ora impossível quantificar a dimensão e até o significado desses ganhos, quer de um lado quer do outro[133].

- C, o número de anos civis da carreira contributiva com registo de remunerações relevantes para efeitos de taxa da formação da pensão;
- C1, o número de anos civis da carreira contributiva com registo de remunerações relevantes o número de anos civis da carreira contributiva com registo de remunerações relevantes para efeitos de taxa da formação da pensão, cumpridos até 31 de Dezembro de 2001;
- C2, o número de anos civis da carreira contributiva com registo de remunerações relevantes o número de anos civis da carreira contributiva com registo de remunerações relevantes para efeitos de taxa da formação da pensão, cumpridos após 1 de Janeiro de 2002.

A pensão a que o beneficiário terá direito será a que corresponder à pensão de montante mais elevado, calculada nos termos das fórmulas referidas.

b) *Dupla garantia para quem tem descontos antes de 1 de Janeiro de 2002*

A partir de 1 de Janeiro de 2017, a pensão dos beneficiários que em 31 de Dezembro de 2001 não tenham o período de garantia completo e dos beneficiários com inscrição até 31 de Dezembro de 2001 que não se reformem entre 1 de Janeiro de 2002 e 31 de Dezembro de 2016, será ainda objecto de uma dupla garantia, sendo a sua pensão calculada de modo proporcional aos períodos da carreira cumpridos na vigência de cada uma das fórmulas (antiga e nova), nos termos antes definidos, mas sendo adicionalmente garantida a atribuição da pensão calculada segundo a nova fórmula, quando esta conceda uma pensão de montante mais elevado.
Fonte: *A sustentabilidade financeira do....*, ob. cit., p. 11-15, reproduzindo o conteúdo essencial do próprio Decreto-Lei n.º 35/2002.

[133] Como aliás foi assumido no Relatório que temos citado.

3.2. A anunciada introdução do tecto superior contributivo

3.2.1. Questões prévias — contexto e enquadramento legal

A introdução de um tecto superior contributivo era medida já antes prevista, quer na Lei n.º 28/84, quer na Lei n.º 17/2000. Todavia, por razões várias, de ordem política, técnica e financeira, ela nunca acabou por ser concretizada. Contrariamente à medida antes referida e que mereceu, quer aquando da preparação do *Livro Branco,* quer no quadro do processo legislativo que lhe deu origem, a adesão da generalidade dos intervenientes (governo, oposição e parceiros sociais), a introdução do *plafond* tem sido bastante mais controvertida. Há mesmo quem questione a sua utilidade ou razoabilidade, quando — e como veremos — as perdas de receitas no imediato serão de tal monta, a ponto de poderem suplantar os ganhos que dele poderão advir (em termos de poupança de despesa no longo prazo).

Se, comparada a anterior previsão legal (n.º 3 do artigo 61.º da Lei n.º 17/2000) com a redacção que agora é dada ao artigo 46.º da actual Lei de Bases (n.º 32/2002), constatamos as seguintes diferenças: (i) Este é um artigo que regula exaustivamente, sem prejuízo da aprovação de regulamentação posterior, aquilo que será o *plafonamento* em Portugal, devidamente articulado com o (novo) Sistema Complementar, também ele agora objecto de detalhada atenção por parte do legislador. Ao invés, aquele anterior preceito (o *plafonamento* estava todo ele contido num único número de um só artigo da Lei) era bastante mais lacónico e incompleto; (ii) Daqui resulta, em termos substantivos, uma novidade maior (para além de outras, de menor visibilidade) — enquanto que naquele, apenas se previa um único tecto contributivo, neste novo artigo contemplam-se dois tectos diferentes (o do n.º 4 e o do n.º 1)[134]; (iii) por último,

---

[134] Adiante voltaremos a esta questão.

dir-se-á que o novo artigo 46.º assume a introdução deste mecanismo como uma "inevitabilidade", como uma condição *sine qua non* para a concretização do programa legal reformador *personificado* na Lei, enquanto elo de ligação necessário ao Sistema Complementar e que será largamente de natureza obrigatória. Pelo contrário, no anterior, o tecto superior contributivo era como que um "apêndice", um enxerto algo ilógico ou irrazoável até, no contexto da opção então assumida de manutenção do sistema pensões como um sistema essencialmente público, de repartição e no qual a complementaridade privada assumiria apenas carácter facultativo.

A percepção completa deste novo regime – do *plafonamento* em articulação com a dita complementaridade, obrigatória e de gestão (basicamente) privada – não pode deixar de depender da sua integração num quadro mais vasto que é o da existência de uma nova Lei de Bases da Segurança Social (a Lei n.º 32//2002), marcada por um conjunto significativo de novidades (mais do que de alterações), muito bem fundamentadas nos valores e na ideologia do Governo que a concebeu[135]. Destas novidades, destacaríamos as seguintes.

A primeira prende-se exactamente com a "arquitectura" do sistema. Desde logo, porque pela primeira vez, o Sistema de Segurança Social inclui, além do «Sistema Público de Segurança Social» e do «Sistema de Acção Social», o «Sistema Complementar». Pela primeira vez, assim, a complementaridade, de base essencialmente privada, é incluída no Sistema da Segurança Social.

---

[135] É preciso não esquecer que o Governo em causa era um Governo de centro-direita e tinha, então, uma forte influência do partido mais conservador da coligação, o CDS-PP, na área da segurança social.

Em segundo lugar, e do ponto de vista ético e filosófico, ela é uma Lei assumidamente "conservadora", marcada por fortes influências da *doutrina social da Igreja* e, em certa medida, por uma visão "corporativa" e "orgânica" da sociedade, como via necessária e adequada à resolução dos conflitos e das tensões sociais:

(1) Desde logo, pelo papel social determinante conferido à Família e à maternidade (apontando-se para a alteração da legislação da maternidade, no sentido de a favorecer e, para além disso, discriminando-se positivamente, em sede de atribuição de prestações familiares, as famílias numerosas[136]);

(2) Acresce a consagração de um princípio novo, o da *subsidiariedade social,* querendo ele significar, justamente, o reconhecimento do papel essencial das pessoas, das famílias e dos corpos intermédios no desenvolvimento da protecção social (cf. artigo 12.º da Lei n.º 32/2002) e, especificamente, da Acção Social que surge, agora, como seu campo privilegiado de implantação[137].

(3) Ainda a evidência posta no Sistema de Acção Social, agora autonomizado como Sistema especialmente vocacionado para o combate e prevenção de situações de pobreza e de marginalização social, a cargo, não apenas do Estado, mas porventura até, primacialmente, da família, de instituições de solidariedade social, com ênfase para a Igreja, e de corpos intermédios, como por exemplo as empresas. Ora, salvaguardadas as devidas adaptações, ditadas

---

[136] O que aliás foi concretizado com a aprovação do novo regime das prestações familiares (Decreto-Lei n.º 176/2003, de 2 de Agosto).

[137] No n.º 4 do artigo 86.º da Lei n.º 32/2002, determina-se, com efeito, que «o exercício da acção social rege-se pelo princípio da subsidiariedade, considerando-se prioritária a intervenção das entidades com maior relação de proximidade com as pessoas».

pela evolução dos institutos, o modo como agora é tratada a Acção Social e o papel que nele é conferido à família, às instituições de solidariedade social e a (outros) corpos intermédios apresenta inegáveis similitudes com o tratamento que, durante o Estado Novo, foi sempre dado à Assistência Social, mercê das influências – aí inequivocamente assumidas – da *doutrina social da Igreja* e, em especial, do *catolicismo social* herdado de Leão XIII[138]. A Assistência Social consistia então, como nos diz MARIA MANUELA COUTINHO, no «auxílio material, moral, jurídico, médico, ou outro, a quem experimentasse uma necessidade transitória ou permanente, auxílio que visava dar ao necessitado um simples paliativo ou a reintegrá-lo no seu meio social. Desta feita a resolução da chamada "questão social" era (...) entregue à igreja ou às misericórdias e dirigida muito em especial para a família, como célula fundamental, fenómeno que sucedia de forma geral por toda a Europa. O próprio Serviço Social que se foi estabelecendo sobre a preocupação do caso individual e do apoio à personalidade... encontrava semelhanças profundas... ou até identidade entre ele e a caridade cristã...»[139].

---

[138] Muito especialmente com a Encíclica *Rerum Novarum*, de 1891. A *doutrina social da Igreja* foi desde então marcada pela condenação do socialismo, mas ainda pela rejeição de soluções liberais, às quais opôs soluções de tipo *corporativo*, baseadas no propósito de formação ou da reconstituição de corpos intermédios, destinados a assegurar as tarefas que os indivíduos não têm meios de realizar e que a defesa das liberdades aconselha a que não sejam confiadas ao Estado (Soares Martinez, *Economia Política*, Almedina, 1989, pp. 294 e 295). E, não restam dúvidas que, no pensamento de Oliveira Salazar, existem fortes influências deste catolicismo social (*ibidem*, p. 299).

[139] Assim, Maria Manuela Coutinho, *A Assistência Social em Portugal – 1965/1971: um período charneira*, APSS, 1999, p. 17. E como acrescenta, e

À nova Lei subjaz, por tudo isto e em suma, uma visão *organicista* da sociedade (por contraponto a uma visão estritamente *individualista*), como forma de melhor enquadrar e resolver a "questão social", a conflitualidade social latente ou real, potenciada pela pobreza, pela marginalização social e pelo agravamento das desigualdades económicas.

Finalmente, em termos económicos, ela é certamente – sobretudo quando comparada com a sua antecessora – de pendor liberal que aponta claramente para uma *privatização* significativa de parte dos recursos da Segurança Social, aproximando-se muito mais, do que a sua antecessora, das propostas contidas no mencionado Livro Branco da Segurança Social[140] e, sem dúvida, do modelo *multi-pilar* sugerido pelo Banco Mundial[141]. Das di-

---

bem, a autora, «a valorização da família – elemento reprodutor das relações sociais – foi a ideia considerada certa, enquanto elemento político primário de conservação da disciplina e progresso do país. O sistema de valores por ela defendido era o referencial da acção – a estabilidade familiar condicionada pela função económica da família, baseada na fidelidade feminina e na inferioridade da mulher; – a família considerada sagrada....» (p. 17). Ora, parece claro e como temos apontado, que muitos destes valores perpassam na Lei de Bases da Segurança Social actual e são por ela acolhidos e regulados.

[140] A linha maioritária nela esboçada foi claramente ao encontro das teses mais liberais que vêm preconizando a substituição progressiva da repartição pura pela técnica da capitalização, com o reforço concomitante de esquemas privados complementares de protecção social.

[141] Assim em *Averting the Old Age Cris...*, ob. cit.. De acordo com a proposta do Banco Mundial, o **primeiro pilar** corresponderia ao sistema público de pensões o qual teria como função essencial a redução da pobreza na terceira idade e a atribuição, em parceria com os restantes pilares, de um seguro contra a multiplicidade dos riscos sociais. Assente no poder de tributação do Estado, este pilar teria por função exclusiva o pagamento de benefícios aos idosos, a redistribuição dos rendimentos relativamente às classes sociais mais desfavorecidas e o co-seguro contra os riscos de uma

ferentes opções de reforma que têm sido já identificadas[142], aquela que parece ter merecido a adesão do legislador (numa linha que vem sendo seguida em muitos dos países, não apenas

---

fraca remuneração dos investimentos, da recessão e das falhas do mercado. Quanto ao seu financiamento, o mesmo poderia ser assegurado quer através de contribuições sociais quer de impostos, tudo dependendo da decisão política adoptada, num ou noutro sentido predominante. Tendo em vista, por outro lado, a consagração de mecanismos redistributivos perante os mais pobres, poder-se-iam prever isenções de contribuição ou a fixação de um limite mínimo tributável. No tocante ao tipo de benefícios a atribuir, os mesmos poderiam assumir, depois, quatro configurações diferenciadas: benefícios dependentes da condição de recursos; benefícios do tipo universal; benefícios fixos para trabalhadores; e uma pensão mínima garantida à generalidade dos cidadãos. Na óptica do Banco Mundial, o pilar público não deve ser exclusivo e, ao que tudo indica, nem sequer dominante. Ele deve ser combinado com um **segundo pilar** (justamente encarregue da atribuição de um segunda pensão), de natureza privada e obrigatória e baseado no modelo da capitalização. Finalmente, um **terceiro pilar** agrupando os planos profissionais e individuais de natureza privada e voluntária, assegurando complementos de pensões.

[142] Veja-se, por exemplo, a tipologia sugerida por Correia de Campos que nos indica três modelos de reforma, pese, em nosso entender, a proximidade entre o primeiro e o segundo: o primeiro, o modelo *latino-americano*, no qual o pilar público é radicalmente substituído por contas individuais, capitalizadas, de contribuição definida. O pilar mantém-se público, mas é muito reduzido e em alguns casos financiado por impostos (Chile, Argentina, Perú, México...); o segundo modelo é o modelo *dos países da OCDE*, que pressupõe também um primeiro pilar público universal, de montante reduzido, igual para todos ou proporcional ao rendimento da família, sendo o segundo pilar constituído sobretudo a partir de fundos de pensão da empresa, assentes numa gestão em capitalização (o caso da Austrália, da Suíça, da Dinamarca e do Reino Unido); por último, o modelo da *pseudocapitalização pública do primeiro pilar*, ou capitalização virtual ou fictícia em contribuição definida. Caracteriza-o o facto de cada contribuição salarial ser contabilizada como se fosse objecto de capitalização, ou seja, vai acumulando capital e juros, pelo que o valor da pensão resulta do cálculo actuarial e actualizado desta capitalização, anualizada. O contri-

da União Europeia, mas em geral da OCDE – Organização para a Cooperação e Desenvolvimento Económico) aponta claramente para o "emagrecimento" do pilar público (na Lei denominado Subsistema Previdencial do Sistema Público de Segurança Social), à custa do "robustecimento" do Sistema Complementar, de índole que será, ao que tudo indica, essencialmente privada.

A evolução assim retratada que segue, pois, de perto a tendência delineada em outros países da OCDE, deixa antever, no plano jurídico-constitucional português, três questões fundamentais e que surgem interligadas. A sua pertinência depende, em todo o caso e afinal, da efectivação e do aprofundamento da linha e das orientações políticas assim traçadas[143] [144].

A primeira questão prende-se com a adequação da orientação política assumida, com o princípio constitucionalmente acolhido do *primado da gestão pública* do sistema de segurança social (cf. n.º 2 do artigo 63.º da Constituição), uma vez que se parece avançar energicamente para o reforço do Sistema Com-

---

buinte recebe extractos periódicos da sua "conta" e obtém incentivos para o respectivo crescimento. No entanto, o funcionamento não se aparta da lógica tradicional do método de repartição, isto é, a segu-rança social paga aos pensionistas,este ano, com aquilo que recebeu, também este ano, dos respectivos contribuintes (Suécia, Letónia, Polónia). Neste sentido, ANTÓNIO CORREIA DE CAMPOS, *Solidariedade Sustentada...*, ob. cit., p. 151.

[143] O que, como se sabe, sempre depende da evolução política futura, tendo presente desde já o resultado das últimas eleições legislativas.

[144] Naturalmente que não cabe no âmbito do presente trabalho tratá-las com exaustão, pese considerarmos a sua essencialidade naquilo que é (e deve ser) o debate sobre o futuro do sistema da segurança social português e sobre o papel do Estado no domínio da protecção social.

plementar, à custa da compressão do pilar público (admitindo, no limite, que a este fique apenas reservada, num futuro mais ou menos próximo, a atribuição de uma pensão *mínima*, gerida nos moldes tradicionais da repartição, delegando-se o essencial da protecção social ao segundo pilar, assente na capitalização[145]). Trata-se, ao fim e ao cabo, da substituição de um modelo universalista de protecção social que parece ter sido ambicionado pelo legislador constituinte, por um modelo por muitos considerado como *minimalista*, em que a pensão pública terá pouco mais do que uma vocação assistencial, qual ajuda aos mais pobres. A questão, para já, todavia ainda não é premente: pois que, a Lei de Bases se limita a criar um Sistema Complementar, não lhe definindo contornos ou limites precisos e muito menos o seu peso relativo perante o Sistema Público de Segurança Social[146].

Em segundo lugar, põe-se a questão de saber até que ponto a nova configuração do sistema, tal como nos propõe a Lei de Bases, fazendo integrar, a título original, no seio do Sistema de Segurança Social, o Sistema Complementar, não implicará a necessidade de reformular o próprio conceito de «segurança social». A nós quer-nos parecer que a Lei de Bases ao formatar deste modo o Sistema, acaba por "refundar" aquela que é a noção de segurança social, tradicionalmente caracterizada, entre outros aspectos e elementos, justamente pela sua natureza

---

[145] Se a evolução assim o determinar, de duas uma: ou, mantendo-se a redacção do n.º 2 do artigo 63.º da Constituição, poder-se-á colocar a questão da eventual desconformidade quer da Lei de Bases que genericamente consagra o reforço da complementaridade, quer sobretudo da legislação ordinária que venha a definir, afinal, a importância e o peso relativo de cada um dos pilares de protecção social; ou então, impor-se-á mesmo uma alteração ao ali preceituado.

[146] No futuro, se a evolução assim o ditar, a *complementaridade* poderá inclusive tornar-se *primazia*.

pública[147]. Põe-se a questão de saber, a exigir quanto a nós uma nova e aturada reflexão (que não cabe neste trabalho), se se poderá falar de uma «segurança social *não pública*», de uma segurança social que não seja pública.

Finalmente e muito relacionada com as anteriores, coloca-se a questão da subsistência do próprio *direito à segurança social*, ou pelo menos da forma como ele é concebido no texto constitucional (cfr. n.º 1 do artigo 63.º), ou seja, enquanto não apenas direito subjectivo à obtenção de um conjunto de prestações por parte do Estado, na ocorrência de um conjunto de eventualidades sociais[148], mas acima de tudo, ainda que noutro plano, como um verdadeiro *direito de cidadania*, instrumento ou condição da própria dignidade humana. A resposta a esta questão, a de saber se a efectivação do direito (tal como hoje concebido) está posta ou não em xeque, será ditada pela evolução legislativa, sendo certo que, de novo, ele ficará dependente da fisionomia da pensão atribuída no âmbito do primeiro pilar[149][150].

---

[147] Veja-se a este propósito a obra clássica, de JEAN-JACQUES DUPREYROUX, *Droit de la Sécurité Sociale,* 8.ª ed., Paris Dalloz, 1980, na qual o autor trata exaustivamente a evolução histórica e a passagem do modelo inicial de protecção, dos *seguros sociais,* ao modelo contemporâneo, de *segurança social*. Ora, esta passagem foi, entre outros aspectos, ditada pela natural *publicização* da protecção social.

[148] Sobre os direitos sociais e, de entre eles, o direito à segurança social, como *direitos a prestações,* por oposição aos chamados *direitos de defesa* e *direitos de participação,* leia-se JOSÉ C. VIEIRA DE ANDRADE, *Os direitos fundamentais na Constituição de 1976,* Almedina, Coimbra, 1987, p.192 ss. Para o autor, os direitos a prestações, «impõem ao Estado o *dever de agir*, quer seja para protecção dos bens jurídicos protegidos pelos direitos fundamentais contra a actividade (excepcionalmente, a omissão) de terceiros, quer seja para promover ou garantir as condições materiais ou jurídicas de gozo efectivo desses bens jurídicos fundamentais» (p. 192).

[149] Sobre as diferentes "dimensões" do *direito à segurança social*, leia-se, a título de sugestão, entre nós, ILÍDIO DAS NEVES, *Direito da Segurança Social* –

3.2.2. A concretização do tecto superior contributivo

A introdução do tecto superior contributivo, previsto no artigo 46.° da Lei de Bases, surge naturalmente associada à substituição de um modelo de repartição *pura* que tem caracterizado, desde há largos anos, o nosso sistema, por um modelo *misto* de repartição e de capitalização, ou seja, por uma composição do sistema segurança social português, que assentará numa estreita articulação do sistema público com o sistema complementar (de natureza eminentemente privada)[151] [152].

princípios fundamentais numa análise prospectiva, Coimbra Editora, 1996 e Sofia David, *Algumas reflexões sobre o direito à segurança social,* verbojuridico.net, Abril, 2002, e, na vasta doutrina estrangeira, além de JEAN-JACQUES DUPREYROUX, *ob. cit.,* ainda XAVIER PRÉTOT, *Le droit à la sécurité sociale,* in *Un siècle de protection sociale en Europe,* Comité d´Histoire de la Sécurité Sociale, Paris, 2001, p. 267 ss..

[150] Esta questão encontra-se ainda directamente ligada a outra – mais ampla – que é a da manutenção ou não, na sequência dos processos de reforma dos sistemas públicos de segurança social, do próprio "objecto" tradicional destes mesmos sistemas, a saber, a efectivação de níveis de vida com dignidade. Advogando claramente a sua preservação, ainda que adaptada aos novos condicionalismos económicos, demográficos e do funcionamento dos mercados de trabalho, veja-se JAMES MIDGLEY, *La sécurité sociale est-elle devenue sans objet?,* in Revue Internationale de Sécurité Sociale, Vol. 52, n.° 2/99, 1999, p. 113 ss.. Para este autor, na verdade, «La Sécurité Sociale doit faire l´objet d´une réforme au véritable sens de ce terme afin de mieux s´adapter aux réalités économiques et sociales de l´heure. Des approches novatrices, au lieu de solutions de substitution d´inspiration idéologique qui cherchent à créer des possibilités d´exploitation commerciale des besoins de l´homme, doivent être imaginées sans plus attendre. Faut de formuler de nouvelles approches de ce genre, il est certain que la sécurité sociale deviendra sans objet et que des millions de pauvres gens se trouveront plongés à l´avenir dans une situation de plus en plus pénible» (p. 121).

[151] Previsto e regulado em todo o Capítulo IV da Lei (artigos 94.°-106.°).

[152] O estudo desta evolução, notada em diversos países, está já feito desde há muito, aqui como lá fora. Não nos alongaremos, portanto, sobre o

O tipo de capitalização para que aponta a Lei de Bases, a título inovador, é a denominada capitalização *individual*, inspirada na constituição de "contas individuais" (recorde-se a proposta de KOTLIKOFF), assentes do reforço da poupança individual e na sua rentabilização, cujo produto revertirá, na ocorrência do risco em causa, ao subscritor do seguro. Isto não significa, no entanto, que a gestão do plano não possa ser, ela mesma, colectiva – é o que sucede habitualmente, por exemplo, no âmbito dos regimes complementares que sejam da iniciativa das empresas em favor dos respectivos trabalhadores. À "socialização" dos riscos em causa, corresponde, nestes casos, por razões óbvias[153], a própria "socialização" da gestão. Seja como for, pretende-se que seja possível, para cada trabalhador, individualizar as respectivas responsabilidades, contribuições, rentabilização e valor acumulado, no fundo de pensões (se for este o instrumento utilizado) em questão.

Ora, este tipo de capitalização de natureza individual não se confunde com a chamada capitalização *colectiva*, também chamada capitalização pública de estabilização no artigo 111.º da

---

assunto. Seja como for, leia-se, só para referir algumas das obras recentes, na doutrina estrangeira, Laurence Thompson, *Older and Wiser : the Economics of Public Pensions,* The Urban Institute Press, 1998, Emmanuel Reynaud, *Les retraites dans l'Union Européenne: adaptation aux évolutions économiques et sociales,* in Revue Internationale de Sécurité Sociale, Vol. 51, n.º 1/98, 1998, p. 37 ss., Richard Hemming, *Les pensions de retraites publiques devraient-elles être capitalisées?,* in Revue Internationale de Sécurité Sociale, Vol. 52, n.º 2/99, 1999, p. 3 ss., Rudolf Rechsteiner, *Les concepts néoliberaux et leus conséquences,* in Sécurité Sociale 3/2000 (Dossier: *Le néoliberalisme et l'État Social*), 2000, p. 112 ss.. Já internamente, entre muitos outros, refira-se Álvaro Matias, *Economia da Segurança Social – Teoria e Prática,* APSS, 1999, p. 178 ss e Paulo Leiria e outro, *Princípios da reforma do sistema de segurança social,* in A Reforma da Segurança Social – contributos para reflexão, Celta Ed., Oeiras, 2000, p. 101 ss..

[153] Desde logo, para uma melhor operacionalidade e eficácia.

Lei de Bases (em moldes, aliás, muito semelhantes ao que resultava da anterior). Ambas, no entanto, têm em vista contribuir para o reforço da poupança[154]. A capitalização pública de estabilização tem lugar no FEFSS, que é hoje um património autónomo, gerido em exclusivo pelo Instituto de Gestão de Fundos de Capitalização da Segurança Social (IGFCSS)[155], de acordo com regras de gestão prudente que passam, em boa medida, pela diversificação das aplicações financeiras e por uma exposição moderada ao risco. Graças ao crescimento verificado nos últimos anos, é hoje um dos Fundos com uma *carteira* mais expressiva, por comparação com os seus "congéneres" europeus[156]. As fontes de receita que alimentam o FEFSS são, nos termos do referido artigo 111.º, por um lado, uma parcela entre dois e quatro pontos percentuais do valor percentual correspondente às quotizações dos trabalhadores por conta de outrem (n.º 1) e, por outro, os saldos anuais do subsistema previdencial, as receitas provenientes da alienação do património e os ganhos obtidos por aplicações financeiras (n.º 2)[157].

---

[154] Sobre os efeitos dos regimes de repartição e de capitalização sobre a poupança e acumulação de capital (tendo em vista a sua ulterior aplicação produtiva), veja-se o nosso texto O *Financiamento da Segurança Social...*, ob. cit., p. 94 ss..

[155] Cujo regime jurídico consta do Decreto-Lei n.º 449-A/99, de 4 de Novembro, que aprovou a orgânica do IGFCSS e da Portaria n.º 1273//2004, de 7 de Outubro, que aprovou o novo Regulamento de Gestão do FEFSS.

[156] De acordo com a informação contida na Conta Geral do Estado / 2003, ele está avaliado em 5,4 mil milhões de euros.

[157] Vejam-se, a este respeito, as semelhanças com o fundo de reserva da segurança social espanhola, no estudo de FRANCISCO GÓMEZ FERREIRO, *El Fondo de Reserva de la Seguridad Social,* in Revista del Ministerio de Trabajo y Asuntos Sociales, 2001, p. 89 ss..

Posto isto, vejamos então como, por um lado, a introdução do tecto superior contributivo se encontra, nos termos da LBSSS, articulado com o desenvolvimento do sistema complementar e, por outro lado, os tipos de "plafonds" previstos no artigo 46.º.

Na Lei de Bases, a distinção fundamental é a que separa, no «Sistema Complementar», os *regimes legais*, os *regimes contratuais* e os *esquemas facultativos* (artigo 94.º). Os primeiros são de iniciativa estatal ou generalizados pelo Estado a partir de iniciativas particulares colectivas. Os segundos são de iniciativa particular livre e podem, por seu turno, ser convencionais (instituídos em convenções colectivas de trabalho), institucionais (constituídos por via associativa, como acontece com as mutualidades) ou contratuais em sentido estrito (por decisão das empresas promotoras ou em resultado da adesão individual)[158]. Os últimos, ao que tudo indica, pretende-se que incluam as iniciativas de poupança privada individual e são totalmente livres.

No que respeita à introdução de uma *tecto superior contributivo* (artigo 46.º), a grande particularidade da Lei de Bases reside, não tanto na previsão do *plafond*, o que já sucedia, como vimos, na Lei anterior, mas na consagração peculiar de dois limites contributivos: (1) um, mais elevado[159], para a "isenção" da obrigação de contribuir (limite superior contributivo absoluto)[160] e

---

[158] Assim, Ilídio das Neves, *Lei de Bases da Segurança Social – Comentada e Anotada,* cit., p. 213 ss..

[159] A fixar, em regulamentação posterior, a um factor múltiplo do valor da remuneração mensal garantida à generalidade dos trabalhadores por conta de outrem.

[160] Da Lei não resulta com total clareza se a fixação deste tecto mais elevado significa um puro e simples *"opt out"* (ou seja, a possibilidade/liberdade de o beneficiário, tendo que sair do sistema público, poder, ou descontar para o sistema complementar – esquema facultativo –, ou de o não fazer para sistema algum), ou se, pelo contrário, tendo embora que sair

(2) um segundo limite, a fixar entre o limite anterior e um valor indexado a um factor múltiplo do salário mínimo nacional (SMN), no qual, mantendo-se a obrigatoriedade de contribuir, os beneficiários podem optar entre fazê-lo para o sistema público de segurança social ou para o sistema de protecção complementar (regimes legais ou contratuais)[161] [162]. Embora tudo dependa do modo como esta matéria venha a ser regulamentada, tudo indica que enquanto este tecto *intermédio* abre portas à articulação do sistema público de segurança social, com o sistema complementar, através dos seus regimes legais e/ou contratuais, aquele primeiro tecto cria espaço para o desenvolvimento dos esquemas facultativos (*supra*).

O objectivo central que frequentemente se aponta em favor da introdução do *plafonamento* é o de que ao tecto contributivo, corresponderá, num prazo maior ou menor, uma limitação do valor das próprias pensões e, por conseguinte, a contenção firme do crescimento da despesa com a protecção social. Ele é visto, em certos sectores, como uma "panaceia", capaz de salvar a segurança social de todos os males e riscos financeiros que a assolam. Acrescenta-se, por outro lado, que só assim será possível superar o modelo tradicional de financiamento, assente em técnica de repartição pura, que tantas ineficiências parece acarretar

---

do sistema público, se mantém a obrigatoriedade de contribuir para o sistema complementar. Cabe, pois, à regulamentação que venha a ser feita deste preceito clarificar a opção.

[161] Nestes termos, ILÍDIO DAS NEVES, *Lei de Bases da Segurança Social*, ob. cit., p. 109.

[162] De notar ainda que, pese embora com a fixação de limites contributivos se tenha em vista primacialmente, a limitação do valor das prestações diferidas (isto é, pensões de reforma por velhice e invalidez), nada obsta a que outras eventualidades (*maxime* doença e desemprego) possam ser abrangidas pela medida.

em face dos novos constrangimentos demográficos, por uma lógica conjugada de repartição com a capitalização – com prevalência gradual desta –, favorecendo o princípio da responsabilidade individual (que é também de liberdade), de cada um, na constituição e formação da respectiva protecção social[163]. Ao mesmo tempo que se entende assim prevenir e impedir a ruptura financeira deste esquema de financiamento intergeracional, em que se funda o actual método da repartição *pura*, aponta-se à gestão em capitalização outras importantes vantagens, designadamente no plano do incentivo à poupança, à acumulação de capital e ao investimento produtivo.

Não obstante isto, são conhecidos os perigos de uma tal alteração, desde logo no plano financeiro estrito. Isto, em virtude da perda, no imediato, de uma importante "fatia" de receitas, ora desviadas, na parte acima do *plafond* para um sistema complementar privado, e que são absolutamente indispensáveis ao cumprimento quotidiano dos compromissos que a Segurança Social tem de fazer perante pensionistas e outros beneficiários. Por isso, é curioso notar como são os seus próprios proponentes que acabam por chamar a atenção para as inúmeras dificuldades daí resultantes, mormente no período de transição e até a sua insuperabilidade. Mas, acima de tudo e com outra gravidade, vai-se ao ponto de reconhecer, ainda que a medo, a sua impotência para resolver, no longo prazo, o problema financeiro da segurança social[164] [165]!

---

[163] Como nos diz António Bagão Félix, «é preciso tentar diminuir a "cultura de dependência", passando para uma cultura de partilha de riscos». Assim, em *Vulnerabilidades do Estado Providência,* in Cadernos de Economia, Ano VIII, n.º 31, 1995, p. 26.

[164] Assim, por exemplo, não deixa de ser curioso como, no seio da Comissão do Livro Branco da Segurança Social, tendo-se embora esboçado, logo no estudo preparatório que antecedeu o Livro Branco (o *Livro Verde da Segurança Social*) uma orientação "maioritária" claramente favorável à

introdução do "plafond" e à constituição de 2.ª pensão, gerida em regime de capitalização, se veio todavia, a reconhecer, no texto final, os seus enormes custos financeiros. Na verdade, como nos é dito: «Trabalhos técnicos desenvolvidos após a apresentação do Livro Verde vieram demonstrar que se os efeitos financeiros positivos (redução de encargos com pensões futuras) são superiores aos efeitos negativos (perda de receita imediata em contribuições), em cerca de 310 milhões de contos ao longo de uma vida (...), o recurso ao *plafonamento* (cálculos para 4 salários mínimos), independentemente de outras virtualidades, não soluciona a questão da insustentabilidade financeira da segurança social». E mais se acrescenta, citando um estudo do CISEP/CIEF/FEDEA «que o plafonamento contributivo constituirá sobretudo um medida curativa com resultados pouco visíveis no reequilíbrio financeiro do sistema, já que, não só se mantém a perspectiva de ruptura financeira do sistema, como poderá criar ainda dificuldades adicionais no médio prazo, registando todavia ganhos líquidos no longo prazo». Assim, *Livro Branco da...*, cit., pp. 216 e 217. De notar ainda que estas propostas apresentadas pela maioria dos elementos da Comissão do Livro Branco foram objecto de crítica por parte de um grupo (minoritário) de outros membros. Em primeiro lugar, o *plafonamento* contributivo, porquanto, no seu entendimento, este apresenta efeitos negativos que não são de menosprezar. Desde logo, por implicar uma diminuição da solidariedade vertical, descurando as exigências de redistribuição dos rendimentos. Depois, porque contribui para o desequilíbrio financeiro dos sistemas ao reduzir as receitas, determinando a necessidade de recorrer a outras fontes de receita, *maxime* durante o período de transição. Além do mais, acarreta consequências negativas sobre o emprego, sempre que por causa da introdução do tecto contributivo haja a necessidade de aumentar o valor da taxa contributiva global. Quanto à *complementaridade*, a crítica prende-se sobretudo com a introdução de regimes complementares *obrigatórios*. E esta crítica impõe-se, quer por motivos filosóficos, quer sociológicos. Por motivos filosóficos, porque a introdução de tais mecanismos de mercado na gestão do infortúnio e da insegurança, mesmo que regulados pelo Estado, cria fenómenos de instabilidade nas expectativas legítimas dos trabalhadores e das classes médias resultantes das exigências do lucro dos investimentos. Trata-se de uma "manipulação mercantilista" das incertezas que não deve ser tolerável. Por razões sociológicas também, porquanto o sector

Não se tem, em todo o caso, deixado de tentar equacionar a fórmula mais adequada para minorar a perda de receitas ocorrida na transição do método de repartição *pura* para o modelo misto. Assim, desde a aceitação da manutenção da repartição como método primacial, acompanhado de um esquema de capitalização parcial [166], até à introdução faseada, ou seja, com um esquema progressivo que permita também levar em linha de conta direitos adquiridos ao abrigo do regime anterior, aplicando o novo regime apenas aos contribuintes que sejam novos subscritores ou com idade abaixo de uma previamente determinada e/ou com períodos de desconto inferiores a um período fixado[167], passando pelo reconhecimento de que só

---

privado (no caso, o sector segurador), em Portugal, guarda uma má imagem na gestão de seguros obrigatórios, como sucede, por exemplo, no caso paradigmático dos acidentes de trabalho. Além disso, mesmo por motivos financeiros, a necessidade de criar tais esquemas é questionável, pois que a realidade dos países que os introduziram não acarretou, por causa disso, uma redução tão evidente da despesa social do Estado em face do PIB, quando comparada com a dos países que os não instituíram. Assim, Boaventura Sousa Santos e outros, *Uma visão alternativa da reforma da segurança social: o modelo social europeu e os seus desafios* (Declaração Final), in *Livro Branco da...*, p. 287 ss..

[165] Outra questão, afim desta, mas que com ela não se confunde, é a de saber se não haverá o risco, com a introdução do *plafond*, de se desonerar, parcialmente, por esta via, as entidades empregadoras do pagamento da respectiva taxa contributiva. A LBSSS parece acautelar esta situação; a regulamentação assim o confirmará ou não.

[166] Assim, ANA PAULA SANTOS QUELHAS, *A Refundação do papel do Estado...*, ob. cit., pp. 120-121.

[167] É o caso de Alfredo Marvão Pereira que sugeriu, a título indicativo, os seguintes dados para o período de transição: i) os trabalhadores com idades inferiores a 30 anos ou que entrem na força de trabalho no furturo entram directamente para o novo regime; ii) todos os trabalhadores com idades superiores a 45 anos ou correntemente reformados continuam no sistema actual; iii) trabalhadores com idades entre 30 e 45 anos que estejam

um *plafond* suficientemente elevado poderá acarretar um efeito financeiramente "neutro" para a segurança social (acabando este, todavia, por perder grande parte do seu *interesse*, designadamente no longo prazo)[168] [169].

Mas para além do problema eminentemente financeiro, a introdução do *plafonamento* também não é isenta de crítica, no plano da justiça social. O maior prende-se com o efeito de *regressividade* que a concretização de tectos contributivos pode

---

correntemente no sistema podem, optar ou por continuar no sistema actual ou passar para o novo; iv) os trabalhadores com idades superiores a 45 anos ou ou correntemente reformados, bem como os que optem por não mudar de sistema, ficam sujeitos a todas as regras do sistema actual, incluindo a reavaliação das pensões; v) os trabalhadores com menos de 30 anos, novos na força de trabalho, ou que optem pelo novo sistema, recebem um "título de dívida" a ser pago quando o trabalhador fique habilitado a receber os benefícios que o compensem pelas contribuições feitas no regime actual. Assim, ALFREDO M. PEREIRA, *Estratégias de reforma...*, ob. cit., p. 204. Como veremos mais à frente, as soluções anunciadas pelo Governo cessante inspiraram-se grandemente neste tipo de propostas.

[168] Na verdade e na linha daquilo que também já havia sido reconhecido pela própria Comissão do Livro Branco da Segurança Social, o então Ministério do Trabalho e da Solidariedade preparou, para ser submetido à concertação social, o *Acordo sobre a Introdução de Limites Opcionais às Contribuições para o Sistema de Repartição*, no qual se abriu a porta à fixação de um limite contributivo opcional de 12 salários mínimos nacionais para os titulares de salários superiores àquele valor, desde que assegurada, ainda assim, a sustentabilidade financeira da segurança social. Ao tempo, entendeu-se que, atento o universo ínfimo de contribuintes abrangidos por um tal "plafond", só este acarretaria efeitos financeiros desprezíveis, não pondo em risco o equilíbrio (imediato) do sistema.

[169] Pois se assim não for, a forma de garantir a salvaguarda, na Segurança Social pública, de um universo de receitas suficiente para fazer face aos seus encargos quotidianos, passará, no âmbito da aplicação do princípio da *diversificação das fontes de financiamento* (cf. artigo 108.º da LBSSS), ainda que à custa porventura do agravamento da carga fiscal, pelo recurso a fontes de receitas alternativas que compensem aquelas "perdas".

acarretar. Na verdade, com a existência de tais limites, o esforço contributivo para o sistema público de pensões que impenderá sobre os contribuintes de menores recursos, será *proporcionalmente* maior do que o que os de maiores rendimentos terão de suportar. A isto acrescem perdas importantes no plano da solidariedade inter e intrageracional, havendo mesmo quem afirme que, num domínio que é atreito a importantes e conhecidas *falhas de mercado*[170], a concretização do *plafonamento* e da própria *privatização* dos recursos da segurança social, mais não visa do que satisfazer os interesses economicistas das seguradoras e

---

[170] Como nos diz Sousa Franco, dando como exemplo justamente os *riscos sociais*, «há casos em que podem acorrer em massa à seguradora pessoas cujas condições objectivas são tão más que, pela multiplicação dos riscos, a forçam a elevar os prémios: então, os bons segurados podem fugir da companhia, assumindo por si os riscos; e isto pode reduzir de tal maneira a procura que a companhia desistirá de segurar esse risco. É o caso, por exemplo, do seguro de reforma generalizada. Em outros casos, poderá haver uma incerteza, cuja probabilidade de verificação não pode ser aleatoriamente prevista: e ela não será coberta pelas empresas seguradoras». Nestes casos de riscos acrescidos, conclui o autor, «– para além das razões distributivas e de justiça – a optimização só é possível se for assumida a cobertura por entidades estranhas ao mercado (pense-se nas pensões de reforma da segurança social: quanto maior é a necessidade, maior será o preço das seguradoras; e os mais necessitados, que são os mais pobres, não poderão pagar esse custo)». Assim, A. L. de Sousa Franco, *Finanças Públicas e Direito Financeiro,* cit., pp. 31 e 32. Leia-se, ainda, Joseph Stiglitz, *La economía del sector publico,* 2.ª ed., Antoni Bosch (ed. en castellano), 1995, p. 363. A estas *falhas de mercado,* aqui descritas, tem-se dado na economia dos seguros a denominação de *risco moral* (a existência do próprio seguro influencia o comportamento dos segurados no sentido de optarem sistematicamente pela protecção) e de *selecção adversa* (normalmente os que mais se expõem ao risco, os "maus" segurados, são os que menos podem contribuir, pressionando assim a subida dos prémios, o que pode conduzir no limite ao afastamento dos "bons" segurados).

outros agentes financeiros privados[171] e nas condições por estes desejadas[172].

Antes da recente mudança governamental, viera o anterior Ministro do Trabalho e da Segurança Social anunciar a introdução dos dois tectos superiores contributivos a que alude o artigo 46.º da LBSSS. Um primeiro, mais elevado, de 10 SMN, em que haveria lugar à isenção de contribuir para lá desse valor (ficando por clarificar, todavia, se se manteria ou não a obrigatoriedade de contribuir para o sistema complementar[173]); um

---

[171] Recorde-se a crítica de Boaventura Sousa Santos e outros. Leia-se ainda o texto contundente de YVES SAINT-JOURS, *Les retraites supplémentaires par capitalisation: côté pile et côté face,* in Droit Social, n.º 6, 1996, p. 629 ss..

[172] Por tudo isto, não será exagerado afirmar-se que uma das "estratégias" prévias à própria concretização do *plafonamento* e da *privatização* deste universo de recursos, tem de passar, necessariamente, pela "diminuição" do grau e nível de protecção concedido pela segurança social pública, tornando portanto mais "apetecível" ao mercado segurador privado a actuação neste sector; seja, pela imposição de condições mais apertadas para o acesso à protecção, seja pela redução, pura e simples, dos níveis de protecção. Por isso, também não é de estranhar que muitas das medidas (designadamente, no campo da protecção na doença – Decreto-Lei n.º 28/2004, de 4 de Fevereiro) que antecederam o anúncio da introdução de tectos superiores contributivos tenham sido apontadas como "redutoras" de direitos e como tentativas de conter a despesa com o pagamento destas prestações sociais. Como nos diz, em jeito de conclusão, ANA PAULA QUELHAS, «parecemos, então, estar em presença de uma aliança tácita mal disfarçada, entre o Estado e as seguradoras, que agrada a ambos, onde o primeiro, por intermédio dos mecanismos legais ao seu dispôr, concede às segundas as benesses da exploração de um segmento de mercado que se antevê rendível, a avaliar pelo crescente número de entidades gestoras de fundos de pensões e pelo montante dos prémios por ela recepcionados.». Assim em *A Refundação do Papel...,* ob. cit., p. 104.

[173] Caso essa obrigatoriedade viesse a ser estabelecida – um pouco, cremos, ao arrepio do próprio texto do artigo 46.º/1 e 2 da LBSSS –, este

segundo, intermédio, situado entre os 6 e os 10 SMN, nos quais haveria a possibilidade de optar entre a manutenção no sistema actual ou a adesão ao novo; finalmente, a fixação de algumas medidas de salvaguarda, a saber, o novo sistema só seria aplicável aos novos contribuintes ou que tivessem menos de 35 anos de idade e ainda com menos de dez anos de contribuições para a segurança social. Estas propostas parecem, apesar de tudo, ter ficado aquém das intenções iniciais do seu autor. Na verdade, acabavam por ter um impacto financeiro reduzido, pois que, segundo se estimou, só cerca de 1% do total dos contribuintes cumpriam os requisitos de acesso ao novo regime[174] e, ainda assim, não era garantido que exercessem a sua opção em favor do sistema complementar[175]. Seja como for, o efeito financeiro, ainda que reduzido, far-se-ia sentir. E daí que uma tal medida tenha sido entendida como um primeiro passo de uma evolução, apostada no aprofundamento paulatino, mas irreversível, da complementaridade privada.

seria o "território" não, em exclusivo, da chamada complementaridade *facultativa* (a que atrás nos referimos), mas ainda e fundamentalmente, e do prolongamento de esquemas obrigatórios de protecção social privada, também previstos naquela Lei.

[174] Ou seja cerca de 19.000 contribuintes. Fonte: Revista Mais-Valia, de 25 de Junho de 2004, p. 5.

[175] Admitimos mesmo que possa haver, por parte dos contribuintes, alguma resistência ou receio na adesão ao novo regime, pela desconfiança que o mercado segurador por vezes gera. A menos que haja especial incentivo a tal adesão, no plano fiscal ou outro, ou que o exercício dessa opção aparentemente livre, seja "coarctado", por exemplo, mediante a imposição, pelas empresas aos respectivos trabalhadores, de planos de pensões.

PARTE III

O OSS E A NECESSIDADE DA SUA ADEQUAÇÃO À SITUAÇÃO FINANCEIRA DA SEGURANÇA SOCIAL

1. A anualidade do orçamento e o carácter plurianual da situação financeira da Segurança Social – tentativas de compatibilização na legislação actual

O princípio da anualidade goza de grande tradição no nosso ordenamento jurídico-financeiro e mantém-se, pese a abertura a uma nova dimensão de plurianulidade, como importante regra orçamental. Não teria de ser necessariamente assim. Como recordava, há alguns pares de anos, Sousa Franco, «houve casos esporádicos de orçamentos plurianuais, mas a prática afastou-os; logicamente nada se opõe a que tal suceda de novo»[176]. Ou seja, nada obstaria, na prática, a que o legislador se decidisse pela consagração de uma estrutura orçamental de base plurianual – é o que tende a suceder, por exemplo, quando se substitui a lógica tradicional de orçamentação de meios por uma estrutura de orçamento (integral) por programas. Esta todavia não é a solução consagrada entre nós. Na verdade, quer a Constituição, agora de forma expressa no n.º 1 do artigo 106.º[177], quer a LEO,

---

[176] Assim, A. L. Sousa Franco, *Finanças Públicas...*, Vol. I, cit., p. 347.

[177] De notar que a referência expressa à regra da anualidade orçamental deixar de constar do texto constitucional após a revisão de 1982. Apesar disso, nunca deixou de ser posta em causa a sua manutenção, quer atento o disposto na então Lei de Enquadramento do Orçamento do Estado – a Lei n.º 40/83 – quer pela articulação estabelecida, ao tempo, na Constituição, entre a aprovação do orçamento e o Plano que tinha então, por força da alínea c) do n.º 2 do artigo 93.º, natureza anual. Sobre esta questão, António Braz Teixeira, *Finanças Públicas e Direito Financeiro*, A.A.F.D.L.,

no n.º 1 do artigo 4.º, asseguram a regra da anualidade, ao mesmo tempo que parecem aceitar a orçamentação por programas apenas em termos parciais, ou seja, de forma limitada e, em princípio, facultativa. É o que sucede desde logo no n.º 3 do artigo 4.º – conjugado, como antes se viu, com o artigo 18.º e ss. –, onde se afirma, cautelosamente, que «os orçamentos dos organismos do sector público administrativo *podem* integrar programas, medidas, projectos ou acções que impliquem encargos plurianuais...» (sublinhado nosso)[178].

1990, p. 122. Seja como for, com a revisão constitucional ocorrida em 1997, a regra da anualidade voltou a constar de forma inequívoca no texto fundamental.

[178] A rejeição da orçamentação integral por programas encontra, apesar das suas virtualidades notórias relativamente à especificação de alguns tipos de despesas (e portanto, apenas, em termos parciais), boas justificações. Antes de mais nada, os resultados experimentados nos países – com destaque para a Espanha –, onde se ensaiou a programação integral, ficaram bastante aquém das expectativas geradas por tal modelo orçamental, a ponto de se equacionar hoje o abandono da programação integral. No caso português, as limitações e deficiências da administração pública parecem desaconselhar, por maioria de razão, a sua implantação. Finalmente, porque é sempre possível recorrrer, em termos *materiais*, com ganhos de eficácia acrescidos, a técnicas de programação de carácter plurianual (sem que isso, implique, em termos formais, a adopção da orçamentação por programas), que enquadrem depois as decisões e as opções orçamentais, contribuindo para a sua maior racionalidade. Ou seja, não é necessário utilizar *formalmente* a programação orçamental – isto é, a orçamentação integral por programas –, sendo mais útil, fácil e razoável recorrer a instrumentos programadores com dimensão plurianual que informem, orientem e vinculem a orçamentação, ainda que esta acabe, depois, por se confinar ao período anual. Sobre os obstáculos à orçamentação integral por programas, leia-se JORGE COSTA SANTOS (coord.) *Reforma da Lei..., cit.,* pp. 260-262. A consagração de orçamentos plurianuais remonta já aos anos sessenta, designadamente nos Estados Unidos, com a implementação, na área da Defesa Nacional, do célebre *Planning, Programming and Budgeting System.* Acreditou-se, a partir de então, que este novo modelo seria o mais adequado para uma orçamen-

Abdicando embora da orçamentação integral por programas, o legislador abriu, desde já, a porta para a utilização e institucionalização futura de técnicas de planeamento/programação, com carácter plurianual. É o sucederá, ao que tudo indica, com

---

tação racional e também para uma gestão financeira mais criteriosa e rigorosa. Dificuldades práticas e outras tantas de natureza técnica contribuíriam para que, paulatinamente, se acabasse por se reconhecer e apontar às técnicas de orçamentação plurianual importantes falhas (morosidade, complexidade e ineficácia). Pelo que, em diversos países desenvolvidos, dos Estados Unidos aos da Europa Ocidental, se optou por ensaiar e implantar técnicas de programação/ planeamento económico e/ou financeiro que funcionassem como quadros plurianuais informadores das decisões orçamentais confinadas ao período anual, mas que com elas se não confundissem. No caso europeu, o recurso a estes instrumentos tem assumido importância acrescida, no quadro do cumprimento das exigências de estabilidade orçamental, resultantes do Tratado da União Europeia e, mais recentemente, do Pacto de Estabilidade e Crescimento (PEC), levando à institucionalização e juridicização destes instrumentos, ainda que alguns deles assumam, consoante os países, algumas diferenças assinaláveis. Assim, para além dos Programas de Estabilidade e Crescimento impostos aos Estados membros, de modo uniforme, pelo PEC (e, especialmente, pelo Regulamento (CE) n.º 1466/97, do Conselho, de 7 de Julho), e que são eles próprios pequenos quadros programáticos plurianuais caracterizadores da situação económico-financeira e social de um Estado e das medidas de disciplina financeira adoptadas pelo Estado em apreço (e objecto de constante actualização diríamos *deslizante*), têm hoje os Estados da Europa mais desenvolvida recorrido a diversos tipos de figuras de programação e planeamento, de horizontes temporais diferenciados, que vão desde quadros macro-económicos de médio prazo, a formas de planeamento económico mais ou menos abrangentes, até à programação financeira em sentido estrito, limitada portanto aos aspectos puramente orçamentais, designadamente à disciplina e rigor das contas públicas. E todos eles, de um modo ou de um outro, têm estreita ligação com as decisões tomadas, anualmente, em matéria orçamental. Sobre a profusão destes instrumentos, assim o texto da OCDE, *Managing Public Expenditure...*, cit., p. 175 ss. e ANTÓNIO L. DE SOUSA FRANCO (coord.), *Relatório sobre as Medidas para uma Política Sustentável de Estabilidade e Controlo da Despesa Pública* (polic.), Lisboa, 2002.

a *programação financeira*[179] que permitará informar e condicionar, num quadro temporal mais alargado (o médio prazo ou um período quinquenal), as opções anuais a tomar no OE, conferindo-lhes acrescida racionalidade e coerência. É o que decorre, desde logo, do artigo 17.º da LEO (*ex vi* n.º 2 do artigo 4.º). Neste preceito, concedendo-se-lhe o importante estatuto de *vinculação externa* do Orçamento do Estado (cf. alínea c)), a referência à programação financeira é, infelizmente, breve e incipiente: nada se esclarece sobre a sua natureza, e designadamente, sobre a importante e preferente questão de saber se ela assumirá material e formalmente a natureza de lei[180].

Como vimos atrás, e em relação à Segurança Social, a LEO consagrou a obrigatoriedade da orçamentação por programas apenas das despesas de investimento e desenvolvimento (o que é concretizado através do PIDDAC, nos mapas XV e XV-A),

---

[179] E que, note-se, com aquela não se confunde.

[180] Ao que tudo indica, o legislador parece ter optado, situação que se manteve com a recente alteração de 2004, por fazer da programação financeira uma espécie de carta de *boa intenção* a aguardar desenvolvimentos posteriores. Não é, quanto a nós, aceitável, com efeito, que matéria de tanta relevância, no plano financeiro estrito, mas também no plano económico, possa ser toda ela deferida para regulamentação em legislação *ordinária* posterior. Quer-nos parecer que a dignidade desta matéria exigiria maior atenção e regulamentação, desde logo, em sede da própria LEO (a sua alteração parece impor-se, pois, neste domínio). Apesar disto, uma coisa é certa: existe ainda um longo caminho a trilhar quanto às opções de fundo sobre o que será isto da *programação financeira* – será lei ou terá outra forma?, qual o seu horizonte temporal?, quais os seus objectivos e conteúdo? e, *last but not least,* como se relacionarão os orçamentos anuais do Estado, em termos práticos, com esta figura, o mesmo é dizer, qual será a *força* desta vinculação externa. Sobre as diferentes opções, já vertidas em outros ordenamentos jurídicos, em matéria de programação financeira, ainda Jorge Costa Santos (coord.) *Reforma da Lei..., cit.,* p. 70 ss..

ao mesmo tempo que previu a faculdade de as suas restantes despesas, por exemplo, as relativas a prestações, serem objecto de especificação por programas (através dos chamados programas *de actividades*, a que respeitam o mapa XVI)[181]. É claro que o legislador foi muito cauteloso, justamente por antever as inúmeras dificuldades práticas e técnicas (já aqui notadas) que uma orçamentação por programas mais ambiciosa poderia acarretar[182]. Isto, não obstante a Segurança Social ser, como também atrás se viu, uma área onde a via da programação orçamental melhores razões encontra. Com efeito, nela, a dimensão plurianual e, se se quiser, *programática* da respectiva orçamentação (senão total, pelo menos parcialmente), parece justificar-se, seja por razões de carácter geral, seja por motivos específicos inerentes a este subsector financeiro. Quanto às razões de carácter geral, invoca-se que a orçamentação por programas é necessária para que as decisões relativas ao gasto público possam ser avaliadas em função dos objectivos que se pretendem alcançar e de acordo com as prioridades previamente traçadas. Com a técnica da programação orçamental, pretende-se, de facto, ultrapassar a orçamentação tradicional de meios, *incrementalista* por natureza e derivar para um orçamento-de-objectivos[183] [184]. Quanto às razões

---

[181] Cf. num caso e noutro, o artigo 32.º da LEO.

[182] Mesmo em Espanha, onde esta técnica mais amplamente se difundiu, foi feita, em devido tempo, a chamada de atenção para o efeito contraproducente resultante, numa organização administrativa tradicional, do abandono a técnica tradicional da orçamentação de meios e da sua substituição integral por orçamentos de programas. Admitiu-se sim a sua utilização conjugada. Neste sentido, Juan Viñas Peya, *El presupuesto de la Seguridad Social..*, *cit.*, pp. 119 e 120.

[183] *Ibidem*, p. 119.

[184] Ainda que não enveredando pela técnica formal da orçamentação por programas (logo, por objectivos), o legislador – sobretudo com a alteração de 2004 – caminha para formas de apresentação complementar

específicas, elas são facilmente apreendidas, porquanto, como vimos em momentos anteriores, a situação financeira da Segurança Social é *genética* e *funcionalmente* de natureza plurianual (sendo a plurianualidade em causa fixada no médio e no longo prazo). *Geneticamente*, porque as causas determinantes da situação financeira da Segurança Social são causas de natureza estrutural, como são os condicionalismos de ordem demográfica. *Funcionalmente*, porque à avaliação que se faça da situação financeira em causa não interessa tanto ou apenas o exercício orçamental de um certo e determinado ano, mas, acima de tudo, a evolução previsível nos próximos anos, que a tornem capaz de continuar a assegurar, com equilíbrio, os compromissos assumidos perante os seus contribuintes/beneficiários. Seria interessante, portanto, para não dizer aconselhável que, *de constituendo*, se equacionasse, no campo da Segurança Social, o aprofundamento da técnica da orçamentação por programas, mesmo sem se abandonar por completo a técnica tradicional de meios, isto é, que se enveredasse pela sua utilização conjugada. Ou seja, não nos chocaria – muito pelo contrário – que se passasse, num futuro mais ou menos próximo, a impor, tal como sucede com as despesas de investimento, que todas as despesas da Segurança Social, designadamente as que se prendem com a atribuição de prestações sociais nos seus diferentes subsistemas, passassem a obedecer a uma especificação por programas – que é, antes de mais, uma especificação racionalizadora –, numa área onde é possível ir estimando evoluções futuras nos respectivos compo-

---

das receitas e despesas dos organismos e serviços do Estado, sob a forma de objectivos (*vide* artigos 15.º e 64.º da LEO, versão 2004). Esta que é uma das mais importantes vertentes da chamada *nova gestão pública* e que já vinha sendo há muito testada e preconizada entre nós, conhece agora concretização legal e vai exigir novas tarefas, procedimentos e aptidões por parte dos serviços da Administração Pública e respectivos dirigentes.

nentes, nos *inputs* (ou seja, condicionalismos económicos, demográficos, etc.), como nos *outputs* (ou seja, a evolução previsível da colecta de receita, em especial, da que advém das contribuições sociais, e da realização da respectiva despesa, tenha ela natureza *contributiva* ou não)[185].

A solução até aqui vigente é, quanto a nós, ainda insuficiente, mas tudo indica que possa vir a ser enriquecida por novas soluções. Actualmente, a apresentação do Relatório e elementos informativos, junto com a proposta de lei do OE, parece ser insuficiente, porque, só por si, não permite aos cidadãos em geral e aos parlamentares em especial, designadamente quanto se trata de fazer apreciar e aprovar aquela proposta, enquadrar por completo, num plano temporal mais alargado, a situação financeira da Segurança Social, de molde a tornar claras e justificadas, as medidas ínsitas anualmente naquela proposta e de perceber facilmente a sua bondade e razoabilidade. Apesar da sua inegável utilidade, eles não contêm os dados suficientes para permitir compreender plenamente as perspectivas futuras de evolução daquele importante subsector do Estado.

Em certos outros países (v.g. Alemanha, Reino Unido) e de acordo com outras propostas teóricas, vai-se já mais longe e é-se mais exigente. Mesmo quando se rejeita a via da orçamentação por programas, em termos integrais, tem-se optado, *materialmente*, por fazer enquadrar as decisões orçamentais no domínio da Segurança Social à luz de instrumentos plurianuais, também

---

[185] As dificuldades práticas, ligadas em grande medida a hábitos já instituídos nos serviços da Segurança Social, versados há já muito num determinado modelo de especificação e apresentação das respectivas receitas e despesas (uma *praxis* rotineira, no domínio da preparação do OSS), não é de todo argumento suficiente: esta mutação, desafiante para os seus dirigentes e funcionários, seria facilmente acolhida pela sua capacidade de adaptação à novidade, em outros momentos sempre demonstrada.

eles com carácter planeador ou programador. E, desta forma, pretende-se racionalizar aquelas decisões, justificá-las à luz de hipóteses de evolução futura e dos objectivos previamente definidos e legitimá-las melhor perante os cidadãos. Pretende-se, além do mais, desligar o processo de decisão – pelos seus efeitos que são necessariamente de médio mas também longo prazo – dos ciclos eleitorais (e, por conseguinte, das tentações eleitoralistas) e da respectiva gestão, em função da satisfação das pretensões deste ou daquele grupo de interesse[186].

Em Portugal, foi agora dado – em 2004 – um importante passo nesse sentido e isto, considerando pelo menos duas das suas alterações mais significativas. Em primeiro lugar, pela consagração na LEO, em termos inovadores, do princípio da *equidade intergeracional* (cf. artigo 10.º). Quer este significar a «distribuição equitativa de custos e benefícios entre gerações» (n.º 1), o que deve ser garantido, designadamente, em relação a todas as despesas que, pela *sua própria natureza*, tenham relevância plurigeracional, como é o caso das «pensões de reforma ou de outro tipo» (alínea f) do n.º 2)[187]. Apesar disto, a consagração do princípio é ainda algo vaga, a exigir concretização. É que enquanto a redacção dada ao n.º 1 parece fazer deste princípio uma verdadeira *regra orçamental* (tal como as regras *clássicas* que presidem à organização e feitura do orçamento), o n.º 2 não esclarece devidamente o modo como isso será afinal concretizado. Sê-lo-á nos mapas, mediante uma especificação que consagre e torne visível o impacto plurigeracional das despesas em apreço?

---

[186] Sobre os *motivos* da decisão pública, *maxime* da decisão financeira, leia-se a obra clássica de referência de Mancur Olson, *The Logic of Collective Action – Public Goods and the Theory of Groups,* Harvard University Press, Cambridge, 1965.

[187] Recordem-se, a este propósito, as referências teóricas que antes fizemos, no ponto *1.3.* da Parte II.

Caberá ao articulado fornecer essas informações "adicionais"? Constarão estas, ao invés, do Relatório ou de novos elementos informativos que acompanhem a proposta de lei do OE?[188].

Em segundo lugar, a LEO parece, agora, apostada em tornar mais clara e efectiva a articulação entre o *planeamento económico--social* (no seu sentido mais lato) e a orçamentação, explicitando ademais que ela se faça segundo técnicas de *gestão por objectivos* (cf. artigo 14.º), a que atrás fizemos também alusão.

Em suma e por conseguinte, a actual LEO permite abrir já novos caminhos, no que toca especificamente ao *universo* da Segurança Social, para a eventual consagração de formas originais de enquadramento *plurianual* das receitas e das despesas com a protecção social, muito à semelhança do que já vem sendo ensaiado e proposto em alguns outros países, desenvolvidos ou em vias de desenvolvimento.

2. A necessidade de uma melhor compreensão e enquadramento da situação financeira da Segurança Social

2.1. A orçamentação social – antecedentes

Já não são de hoje a necessidade e tentativa de criar "quadros" abrangentes que sirvam, a um tempo, para integrar toda a política social de um Estado (que não apenas – note-se – a política de protecção social[189]) e fixar-lhe os seus grandes objectivos, de médio e até de longo prazo, orientando e con-

---

[188] Espera-se, portanto, que o seu sentido seja, de facto, precisado e, acima de tudo, que o princípio seja efectivamente concretizado nas previsões orçamentais posteriores.

[189] Estariam, portanto, nele integrados a segurança social e a saúde, mas também a habitação e a educação.

dicionando depois a política orçamental com reflexos naquela. Este ensejo remonta já aos anos cinquenta/sessenta e encontra, porventura, a sua expressão pioneira no caso francês. É aí, de facto, que observamos referências iniciais à criação do grande *Budget Social de la Nation*, logo na década de cinquenta[190] e que haveriam, aliás, a partir da década sequente, de surtir interesse junto da Comunidade Económica Europeia, na perspectiva da extensão uniforme daquele modelo aos outros Estados membros (o que, mau grado, acabou por se não concretizar). As razões para esta especial preocupação, de criação de um grande *orçamento social*, em França, são, quanto a nós, basicamente duas: por um lado, porque é aí e logo na IV ª República (e aprofundado na V.ª) que encontramos terreno fértil para o incremento de experiências forte e activamente planificadoras em regime económico não socialista, sendo certo, como veremos, que ao estabelecimento daquele *orçamento* não são alheios os métodos e objectivos do próprio planeamento; por outro lado, pela relação que o sector da Segurança Social sempre teve, em França, com as outras receitas e despesas do Estado. Na verdade, aquele sector foi marcado pela sua *desorçamentação* e, por consequência, por um elevado grau de autonomização (vera independência) dos organismos encarregues da respectiva gestão. Ora, a criação deste *Budget Social* teve também por propósito atenuar, de alguma forma, os efeitos da desorçamentação e autonomização e permitir, apesar disso, o exercício, por parte do Parlamento, de algum grau de controlo sobre tamanhos recursos. Um tal *orçamento*, pelo menos nos seus intuitos iniciais, seria basicamente um elemento de informação facultado aos

---

[190] O primeiro *orçamento social* foi apresentado em 1957, contendo os resultados de 1955 e as expectivas em relação ao ano de 1956 e, bem assim, as perspectivas de evolução para o de 1957.

deputados aquando da apresentação de projecto de Orçamento do Estado[191].

Esta primeira experiência de *Budget Social* teve uma natureza tanto de abrangente quanto de ambígua. Abrangente, porque pretendia incluir um vasto conjunto de despesas de natureza "social". Ora, daqui uma primeira imprecisão: a que resultava da dificuldade de definir o termo "social", tendo em conta ademais as interferências múltiplas existentes entre o "económico" e o "social"[192]. Mas, para além disto, a ambiguidade advinha-lhe da dificuldade, sempre notada e até assumida, de lhe fixar os contornos, perante o que fosse (e seja) um verdadeiro orçamento, parecendo que ficava algures a meio caminho entre este e um instrumento de planificação, tirando do primeiro o seu carácter previsional (mas não o elemento de autorização política) e do segundo a sua natureza fundamentalmente informativa e de enquadramento, procurando retratar a situação financeira do *sector social* do Estado, numa óptica temporal limitada, ainda que superior ao período anual.

2.2. A proposta de Scholz e o modelo da OIT de orçamentação social

As experiências que foram sendo concretizadas em diversos países europeus (mas não só), assentes em modelos de programação social, procuraram ultrapassar as insuficiências dos esquemas financeiros, orçamentais e contabilísticos tradicionais, ao mesmo tempo que foram assumindo a necessidade de melhor

---

[191] Sobre esta sua natureza e intenção, depois progressivamente desvirtuadas, veja-se JACQUELINE D. DE LA ROCHÈRE, *Le Budget Social de la Nation*, in Revue de Science Financière, 1968, pp. 242-245.

[192] Ainda, Jacqueline D. de la Rochère, *idem*, p. 232.

enquadrar a crescente complexidade da actuação do Estado, quer no tocante às áreas de intervenção quer no tocante ao universo de cidadãos envolvidos. Assistiu-se, assim, à concretização de instrumentos mais ou menos elaborados e institucionalizados de programação (ou, como também se lhes chamou, de *orçamentação*) social[193].

Seja como for, a premência da criação de modelos uniformes de orçamentação ou de programação social e da sua assunção no quadro de algumas instâncias internacionais — como a OIT (tendo em vista a sua aplicação em diversos Estados) —, só muito recentemente foi aceite e tem ganho, junto de países mais e menos desenvolvidos[194], progressiva adesão. O modelo mais completo e acabado de *orçamentação social* foi desenvolvido já na segunda metade dos anos noventa, no seio do Departamento de Segurança Social daquela Organização, tendo por base os estudos e propostas de Wolfgang Scholz, Michael Crichon e Krzysztof Hagemejer[195].

Antes de mais, convém salientar que a defesa da *orçamentação social* — que mais do que uma técnica de orçamentação, no sentido tradicional do termo, é essencialmente uma técnica de planeamento/programação (ainda que com directa expressão depois em termos orçamentais) —, surge na sequência de um

---

[193] Sobre alguns destes instrumentos, veja-se HENRI AUJAC, *Deux instruments de programmation sociale — Le Bilan Social de la Nation, Le modèle à long terme de simulation économique et sociale,* in Revue d'Économie Politique, Ano 83, 1973, p. 171 ss..

[194] Por exemplo, nos países pertencentes ao anterior Bloco de Leste e em *fase de transição* para economia de mercado.

[195] Destacamos, como textos de referência, destes Autores, *Social Budgeting*, International Labour Office, Geneva, 2000 e *La budgétisation sociale dans les économies en transition,* in Revue Internationale de Sécurité Sociale, vol. 54, n.º 2-3, 2001, p. 223 ss..

duplo reconhecimento: em primeiro lugar, de que o domínio do "social" não se compadece com o funcionamento desregulado (a que, eufemisticamente, se apoda de *flexível*) do mercado; em segundo lugar, de que o bom funcionamento do mercado e das economias de mercado exigem necessariamente o reforço da política social e, por conseguinte, da própria intervenção do Estado[196]. Neste sentido, trata-se de uma proposta claramente anti-liberal e que vai contra-a-corrente *pró-liberalizadora* que hoje domina, mesmo no seio da generalidade de instâncias internacionais em matéria de política social (e, especificamente, de segurança social), como é o caso do Fundo Monetário Internacional, do Banco Mundial e da própria OCDE. E isto é por demais evidente, quanto depois, se observa na construção do modelo, o reconhecimento de objectivos e técnicas de planeamento/programação[197], o que pressupõe a participação na sua feitura e na monitorização da sua aplicação, de entidades públicas, *maxime* entidades governamentais e até do próprio Parlamento. Por fim, importa dizer que a construção do modelo parte do reconhecimento das dificuldades hoje sentidas no desenvolvimento da política social dos Estados e, muito especialmente, das dificuldades financeiras que já hoje ameaçam a sustentabilidade dos sistemas de segurança social, e procura, através dos seus próprios "mecanismos", dar uma res-

---

[196] Como nos é dito pelos autores, «le fait de redonner à la protection sociale ses lettres de noblesse signifie qu´il faut renforcer de manière significative la gestion publique». Assim, em *La budgétisation sociale...*, *cit.*, p. 225.

[197] Não cuidamos aqui, no entanto, da distinção que também se pode e usa fazer entre planeamento e programação. Ficamos aqui pela aceitação, menos exigente, da recondução ou identificação de um com a outra. Sobre a distinção, leia-se a obra já aqui citada de Mário Madureira, *Planeamento Económico*.

posta adequada tendo em vista, como objectivo último e maior, a preservação deste sistema[198].

A *orçamentação social* assume-se, antes de mais nada, como uma forma de *planeamento* detalhado do conjunto das despesas de natureza social de um determinado país. Este deve depois ser ancorado pelas projecções financeiras de curto prazo, feitas anualmente no Orçamento do Estado, e ainda em projecções de médio e de longo prazo. A *orçamentação social* visa a satisfação de dois objectivos: i) em primeiro lugar, ela deve fazer da política de planeamento económico-social geral, mais vasta, do Estado; ii) em segundo lugar, ela deve constituir parte de qualquer tipo de *programação financeira* de médio prazo (no seu sentido mais restrito) que o Estado venha a adoptar[199]. Poder-se-á, a este propósito, afirmar que este tipo de *orçamentação* permite enquadrar, justificar e legitimar o próprio processo de decisão político-financeira, estabelecendo uma completa articulação e "cobertura" do desenvolvimento da política social do Estado, pela programação financeira que este venha a concretizar[200].

Este modelo impõe-se no quadro do processo de reforma dos sistemas de segurança social (e da política social em geral), tornando-o tanto racional e justificado, quanto legítimo. Mas a sua utilização permanente – ou seja como instrumento de acção

---

[198] As medidas com que "se joga" o futuro da segurança social supõem – assim se depreende – a manutenção de uma forte protecção social pública e que seja o próprio sistema a saber forjar a sua própria reforma (que não, *desresponsabilização*). Subrepticiamente, encontramos aqui uma tentativa de desmistificar ideias: não é possível nem é sério defender a sustentabilidade financeira da segurança social, acabando com ela.

[199] Recorde-se do que atrás se disse sobre a programação financeira, entre nós.

[200] Neste sentido, W. SHOLZ e OUTROS, *Social Budgeting, cit.*, p. 7.

regular e "normalizado" que envolva a Administração Pública, o Governo e o próprio Parlamento – impõe-se ainda por outros motivos: i) porque agiliza a comunicação entre o Ministério das Finanças, o Banco Central (responsáveis pela política financeira e pela respectiva programação) e aqueles outros responsáveis governamentais encarregues da gestão financeira das áreas sociais, com destaque para a da segurança social – esta permanente comunicação favorecerá a formulação de uma política económica e social exaustiva e financeiramente coerente; ii) porque a utilização do modelo levará à construção de bases de dados homogéneas, instrumentos informativos valiosos quer no plano nacional quer internacional e que permitem o estabelecimento de avaliações conjuntas e de comparações entre países; iii) porque contribui, inequivocamente, para a melhoria da qualidade da *gestão pública*, sendo certo que um planeamento coordenado da política (e concretamente da protecção) social constitui um pré-requisito de uma gestão sã[201].

A *orçamentação social* não constitui uma forma de orçamentação, não no sentido tradicional do termo (ou seja, enquanto forma de previsão anual de receitas e despesas e de autorização política concedida pelo Parlamento ao Governo, para realizar estas e cobrar aquelas). Mas ela não deixa de ser um aspecto central do processo de elaboração do Orçamento do Estado e, em simultâneo, do seu processo de planeamento no médio-longo prazo. São dois, os elementos que compõem o modelo:

A) Antes de mais, o *Sistema de Contabilidade Social (SCS)* e que assume a forma de uma compilação metodologica-

---

[201] *Idem, La Budgetisation Sociale...*, cit., pp. 249 e 250.

mente constante, de base estatística, das receitas e despesas do sistema de protecção social de um dado país, em relação a um período já passado[202].

B) Em segundo lugar, como elemento central do modelo, surge o *orçamento social* propriamente dito e que assume uma natureza previsional (ao prever receitas e despesas, geralmente no médio prazo), mas procede ainda à simulação, pelo recurso a cenários prospectivos, da evolução das receitas e das despesas sociais em diferentes contextos económicos, demográficos e/ou legislativos. O modelo do *orçamento social* constitui, antes de mais, uma representação matemática simplificada do sistema de protecção social *real* e que dá particular ênfase aos seus aspectos financeiros. Abrange os elementos do sistema (população, economia, mercado de trabalho, instituições sociais e funções, etc.), bem como as relações de interdependência entre todos eles. Em termos finalísticos, o modelo propõe-se algo de muito ambicioso: ser capaz de responder a todas as *questões financeiras* que envolvem a protecção social e, mais latamente, a política social do Estado[203]. O modelo tem, enfim, quanto a nós, uma utilidade fundamental, a de permitir testar (por cenários) os efeitos conjugados das alterações legislativas mais reformadoras que se pretendam ir introduzindo no funcionamento do sistema.

---

[202] Nomeadamente, mediante a utilização de classificações *standard*, seja das receitas, seja das despesas. Para mais desenvolvimentos, *idem, Social Budgeting, cit.*, p. 15 ss..

[203] *Ibidem,* pp. 82 e 83.

A figura seguinte dá conta das interdependências subjacentes ao funcionamento do sistema de protecção social:

A protecção social como um sistema aberto

Inputs do sistema	Sistema	*Outputs* do sistema
Demográficos, económicos, mercado de trabalho, etc.	Reacções dentro da estrutura definida de protecção social	Desenvolvimento do sistema e do respectivo "orçamento social"

Fonte: *Social Budgeting* (p. 82).

O modelo de *orçamento social* apresenta uma estrutura hierárquica e é muito exaustivo.

Dele fazem parte os seguintes pequenos modelos, dispostos e relacionados em termos hierárquicos:
- Modelo demográfico, utilizado para projecções da evolução populacional;
- Modelo da oferta de trabalho, que procede a projecções da oferta deste factor;
- Modelo económico, que projecta o PNB, preços, os salários, a produtividade do trabalho, a procura de trabalho e o desemprego;
- Modelo do sector público administrativo que descreve receitas e despesas dos seus diferentes níveis;
- Modelo de protecção social, com carácter muito abrangente, porque vai para além do domínio estrito da segurança social e que inclui, assim, os seguintes sub-modelos:
  – Submodelo das pensões, que projecta a evolução dos diferentes tipos de pensões, a média de pensões por categorias, e estimação de receitas e despesas respectivas;
  – Submodelo de saúde, que projecta as diferentes entidades relevantes na área da saúde (hospitais, médicos, doentes, etc.) e estimação de receitas e despesas respectivas;
  – Outros submodelos para intervenções específicas em diversos subsistemas de protecção social, como o desemprego e a acção social;

– Submodelo do orçamento social, que inclui os resultados financeiros de todas as formas de protecção num *quadro social contabilístico agregado*.

A figura sintetiza, assim, a dependência hierárquica do modelo da OIT:

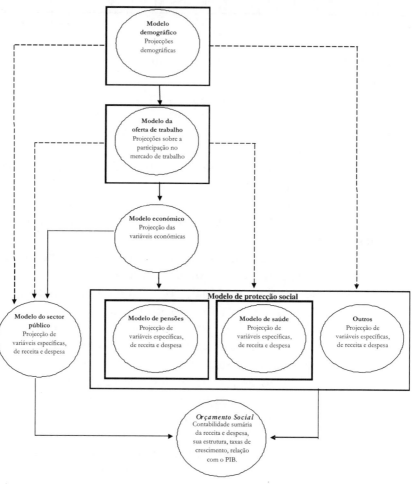

Fonte: *Social Budgeting* (p. 85).

No que diz respeito ao respectivo horizonte temporal, o modelo *supra* é determinístico e consegue abranger tanto o curto, como o médio, como o longo prazo. Ou seja, ele tanto pode ser utilizado por exemplo para projecções de curto prazo, na ordem dos 3 anos, como para projecções de longuíssimo prazo, a saber, superiores a 50 anos. É claro que projecções de evolução para sistemas sócio-económicos são sempre relativamente inseguras. É esse é um dos grandes óbices e dilemas que se põem, em geral, às tarefas de planificação. Mas isto não pode fazer esquecer a importante premissa de que, no caso concreto da segurança social, os benefícios por ela atribuídas são geradores de responsabilidades de longo prazo (isso é por demais evidente nas chamadas prestações diferidas ou pensões). Pelo que qualquer agente de *planeamento social* tem – tarefa verdadeiramente desafiante nos tempos que correm – de ter uma panorâmica geral sobre o comportamento sistémico futuro da protecção social, tendo por base um conjunto de elementos e variáveis previamente dadas, correndo embora o risco de que a sua verificação não se dê ou não se dê como seria previsível. Na verdade, como nos diz SCHOLZ, numa afirmação que poderíamos tornar extensível a qualquer forma de planeamento baseada em projecções: «projections are not prophecies; they simply try to map out systemic behaviour under plausible assumptions»[204] [205].

---

[204] *Ibidem*, p. 179.
[205] Como qualquer tarefa de planificação, a implantação deste modelo exige, em cada país, no plano prático, a verificação de um conjunto de condições. Em primeiro lugar, os organismos públicos ou governamentais envolvidos devem empenhar-se realmente no planeamento, a médio e longo prazo, das despesas sociais e do respectivo financiamento, no seu conjunto. Isto é, deve institucionalizar-se o planeamento *quantitativo* e criar, para o efeito, unidades ou serviços da Administração especializados nessa tarefa. Em segundo lugar, devem ser chamados a colaborar especialistas

A *orçamentação social* aparece, enfim, aos olhos dos seus proponentes, como um instrumento essencial de racionalidade da decisão pública, desligando-o de "tentações" eleitoralistas e servindo como importante fundamento para a tomada de medidas (no contexto dos processos de reforma dos sistemas de protecção social), mesmo daquelas que sejam, no imediato, consideradas impopulares. Pense-se, por exemplo, nas medidas relativas às pensões, como sejam o aumento da idade legal de reforma, as alterações das regras de cálculo das pensões[206] ou a eliminação/restrição das formas de antecipação da idade de reforma. É claro que este modelo não substitui a decisão política; e, é certo, algumas medidas de reforma, por contemplarem restrições a direitos ou dificultarem o seu aumento, podem-se tornar indesejadas e conhecer a resistência dos grupos representativos dos interesses em presença[207]. Não se tratando pois da decisão política, o recurso ao modelo, que é um modelo de informação e de racionalização, e o recurso aos resultados das simulações que ele proporciona podem ser importantes utensílios que ajudem a convencer os trabalhadores, os sindicatos e a própria classe política, da necessidade da adopção de uma dada medida (tendo em vista a própria sustentabilidade financeira futura do sistema).

---

na feitura e aplicação de instrumentos e métodos de quantificação. Finalmente, deve apostar-se na formação, dentro das próprias administrações públicas, dos funcionários que directamente serão chamados a desenvolver funções nesta actividade. *Idem, La Budgetisation Sociale...*, cit., p. 249.

[206] Recordem-se as alterações recentes em Portugal em matéria de cálculo das pensões; não há húvida que elas influirão para um esforço contributivo acrescido por parte de todos e de cada um dos contribuintes do sistema; e nessa medida limitam, mais contundentemente do que sucedia à luz das anteriores regras, o acesso ao direito e a sua "dimensão".

[207] *Ibidem*, p. 251.

Conclusões

I. No texto que agora finalizamos, procurámos, num primeiro momento, proceder ao enquadramento, à luz dos principais instrumentos jurídicos actualmente em vigor – a LEO e a LBSSS –, do Orçamento da Segurança Social, designadamente no que diz respeito à sua preparação, organização e elaboração. Em segundo lugar, analisámos, ainda que de forma necessariamente sumária, a evolução verificada na última década, da situação financeira da Segurança Social portuguesa. E para dar conta do crescimento contínuo e irreversível da despesa com o pagamento das mais importantes prestações sociais, em especial das que maior impacto no longo prazo terão, as pensões de reforma por velhice. Para dar conta ainda da desaceleração do crescimento da colecta de receita adveniente das contribuições sociais, ocorrida conjunturalmente nos dois últimos anos, muito por força da situação económica de estagnação, seguida de recessão que o país conheceu. Os próximos meses e anos serão decisivos para apurar em que medida a retoma do crescimento da economia, de que tanto se espera, ditarão, na mesma proporção, a elevação da colecta dos *tributos* sociais. Seja como for, no médio-longo prazo, todos os cenários e modelos, mais e menos optimistas que têm sido propostos e desenvolvidos, apontam, no caso especificamente português, para a inevitabilidade do défice da Segurança Social, sendo o mesmo sustentado, por mais alguns anos, à custa das transferências proporcionadas pelas reservas acumuladas no fundo de estabilização colectiva da segurança social. No cenário desenvolvido pela *Equipa Técnica para os Aspectos do Financiamento da Segurança Social*, do Ministério do Trabalho e da Solidariedade (2002), apontou-se como primeiro momento do défice o ano de 2016 e previu-se a sua sustentação, à custa daquelas reservas, até 2034. O agravamento recente da situação financeira da Segurança Social pode (e, reiteramos, pode), no entanto, vir a ditar algumas variações, num sentido mais pessimista, para a concretização deste cenário.

II. Colocámos o assento tónico na dimensão plurianual e até plurigeracional daquela que é a situação financeira da Segurança Social. Releva, pois, não tanto ou não só a apreciação que se faça dessa situação relativamente a uma dado exercício orçamental, mas numa perspectiva temporalmente alargada e que pode e deve ser projectada no longo prazo. A razão de ser é dupla: primeiro, porque os constrangimentos que informam aquela situação são também de impacto alargado no tempo (*maxime*, os fenómenos de ordem demográfica e as relações de dependência que se estabelecem entre as diferentes gerações); segundo, porque a Segurança Social é terreno fértil para a assunção de compromissos plurianuais, pelo que a previsão das respectivas despesas (e, por influxo, também das respectivas receitas) não se compadece com apreciações estritas de "caixa". E isto tem levado muitos a defender, em Portugal como no estrangeiro, a necessidade da substituição da técnica ainda prevalecente da *repartição* pela gestão predominante em *capitalização*, como única forma de permitir ao sistema interiorizar e expressar o valor dos compromissos assumidos no presente, em relação a cada beneficiário (tornando expressa a *dívida implícita*) e estimar e exigir a cada um, desde logo e ao longo do tempo, o montante devido e suficiente para responder, no futuro, a esses compromissos. Há quem, todavia, rejeite a necessidade de uma tal ruptura e, em simultâneo, a quebra dos "laços" de solidariedade intergeracional que ela implica. Ao mesmo tempo, rejeitam-se os pressupostos filosóficos em que tais propostas assentam − a visão das relações intergeracionais como relações antagonizantes e contrapostas – e, bem assim, os resultados a que conduzem: a substituição da matriz solidarista da segurança social por uma concepção assente, quase por inteiro, nos pressupostos típicos do liberalismo, como sejam o individualismo e a responsabilidade individual. Propõe-se em alternativa que, a partir da construção de modelos que permitam no médio-longo prazo prever a evolução financeira dos sistemas de protecção social, tendo por base a evolução previsível dos respectivos condicionalismos de ordem (macro)económica e demográfica, seja também possível ir forjando as medidas de resposta (reformadoras) necessárias à prevenção ou à interrupção do agravamento daquela situação financeira. É assim, por exemplo, que se pretende crível avaliar, *pari passu*, os efeitos, no curto mas também no médio-longo prazo, que a aprovação de alterações ao funcionamento do sistema podem acarretar, quer por implicarem a diminuição da despesa ou do seu crescimento, quer por acarretarem o aumento de receita ou a criação de novas fontes de receita (ou ambos os efeitos). E sem que isso implique o empobrecimento – em todas as suas acepções – do direito à segurança social.

III. Por isto, colocam-se actualmente à Segurança Social importantes desafios, não apenas no plano estrito das medidas de reforma que os respectivos sistemas devem reclamar, mas também num plano mais vasto da sua articulação com as restantes áreas de intervenção do Estado, no domínio social e, sobretudo, no domínio financeiro/orçamental. É que, sendo a segurança social – na generalidade dos países desenvolvidos – um subsector financeiro importante do sector público, muitas daquelas que hoje são as acrescidas exigências (de maior rigor e eficácia) em matéria de gestão e em matéria de orçamentação, inerentes à intervenção do Estado nas economias mistas, põem-se, até por maioria de razão, nas suas áreas de intervenção social e, concretamente, no campo da protecção social. Quando hoje tanto se assiste às tentações ultra-liberais, de recriação de um *Estado mínimo*, vocacionado para meras actividades de regulação, acreditar no contrário implica que o Estado – seus dirigentes e funcionários, em primeira linha – saiba fazer ver, desde logo junto daqueles a quem visa servir (beneficários e utentes), a utilidade e a necessidade da manutenção da sua vocação prestacional. Mas é óbvio que isto supõe, em grande medida, a sua predisposição reformadora e modernizadora, por exemplo mediante a aplicação de novos métodos gestionários e de novas formas de enquadrar e de justificar as decisões que, sendo políticas, tenham directa expressão no plano financeiro ou orçamental. Daí equacionar-se, em diversos países desenvolvidos e ao nível de importantes instâncias supranacionais (desde logo na União Europeia), a consagração de novos modelos e paradigmas de orçamentação, orientados por preocupações de acrescida racionalidade e eficácia, o que passa em boa medida pela sua estreita articulação com instrumentos de planeamento/programação. Se, economicamente, a prévia programação ou planeamento da decisão financeira lhe confere acrescida racionalidade, em termos políticos resulta daí uma nova e desejável legitimidade da própria decisão e a possibilidade do reforço do exercício do poder de controlo por parte de quem tem a representação popular (o Parlamento), sobre a acção governativa. E ao mesmo tempo, tende a torná-la menos permeável – justamente pelo seu enquadramento temporal mais vasto, superior em certos casos ao período de uma dada legislatura – a pressões de interesses conjunturais e subjectivos.

IV. A orçamentação das receitas e despesas da Segurança Social conhece todos estes importantes desafios. A actual LEO foi sensível à necessidade de reforçar a lógica *programática* inerente à preparação e organização do OE, fosse pela atenção que deu ao *orçamento por programas* (especialmente, agora, com a alteração de 2004), impondo mesmo, em relação a determinado tipo de despesas, este modo de especificação, fosse pela consagração inovadora da chamada *programação financeira*, instrumento que se nos afigura útil, de enquadramento de médio prazo das decisões financeiras, ainda que a carecer entre nós da devida explicitação e concretização prática. Ora, também no que toca ao OSS, pelos condicionalismos e características atrás apontadas, a utilização de técnicas de programação parece fazer todo o sentido. Cada vez mais se reconhece que as decisões que anualmente se assumem nos mapas que compõem aquele Orçamento não são suficientes, se apercebidas isoladamente, isto é, sempre que "despidas" de uma capa temporal mais longa que, partindo dos dados fornecidos pelos útimos anos até ao presente e projectando-as pelos anos seguintes, lhes confira razão de ser e explicação. Daí não nos chocar – antes pareceria ser interessante – a concretização do reforço da estruturação por programas, impondo-se a mesma à generalidade das despesas com a protecção social (*maxime* as inerentes às prestações sociais) e permitindo, por conseguinte, a sua vizualização por objectivos e num "espaço" temporal mais alargado. Em conjugação ou em alternativa, parece que a futura *lei* de programação financeira (ou de qualquer outro instrumento que a consagre) não pode nem deve esquecer, no seu conteúdo, a situação financeira da segurança social, pois que esta deve servir, como pano de fundo, para a justificação não apenas das medidas que digam respeito ao OSS, mas a todo o OE, até porque, como é sabido, alguns dos compromissos assumidos em matéria de protecção social são financiados em exclusivo por transferências do OE ou, parcialmente, por receitas fiscais consignadas ao OSS. (É o que, se passa, respectivamente, com o financiamento do Subsistema de Solidariedade e do Subsistema Protecção Familiar, ambos do Sistema Público de Segurança Social. É o que passa também com o Sistema da Acção Social, financiado inteiramente através de transferências do OE para o OSS).

V. Na verdade, pesem os importantes avanços resultantes da aprovação da actual LEO, a verdade é que alguma coisa pode ser ainda ser feita, no que concerne ao enquadramento e completa apreensão da realidade financeira da Segurança Social, criando formas de articulação entre os instrumentos de planeamento e programação e a própria especificação orçamental das receitas e despesas deste importante subsector (para isso aponta também a alteração à LEO, de 2004). É isso que, em boa medida, pretende o modelo da *orçamentação social*, preconizado por Scholz e outros autores, no quadro do Departamento de Segurança Social da OIT e que tem sido já sugerido e implantado, a nível a europeu, não apenas nos países mais desenvolvidos (Alemanha, Reino Unido...), mas também em países em vias de desenvolvimento, como é o caso dos países do antigo Bloco de Leste e que agora transitam para formas capitalistas de organização económico-social. Entre nós, seria de igual modo interessante e útil caminhar neste sentido, ou seja, na elaboração e actualização permanentes de um quadro plurianual (e mesmo plurigeracional) que permitisse perspectivar a evolução da Segurança Social portuguesa, estimar o impacto financeiro das medidas de reforma a adoptar, procurando assim antecipar cenários e momentos de ruptura e garantir, no longo prazo, a sustentabilidade financeira do sistema. É certo que o modelo sugerido por Scholz é muito ambicioso e exigente, e de difícil implantação, em toda a sua plenitude, no nosso país; assim é, desde logo, pelo facto de pretender nele integrar o universo das despesas sociais do Estado, designadamente as despesas com a protecção social e as despesas de saúde. Como, no caso português, o Serviço de Nacional de Saúde se situa (contrariamente ao que sucede com outros países da OCDE) fora do da Segurança Social, a tarefa de criação de um modelo agregado destes "universos" distintos seria porventura muito complexa (ainda que, quanto a nós, não impossível). Seja como for, alguns dos estudos já feitos no nosso país e "sancionados" até no plano institucional ou governamental (recordem-se os cenários desenvolvidos no âmbito da preparação do *Livro Branco da Segurança Social* e, mais recentemente, o *Relatório* produzido pela *Equipa Técnica para os Aspectos do Financiamento da Segurança Social*), são exemplos pioneiros do que pode começar a ser visto como actividade *administrativa* de planeamento e programação das receitas e despesas e do funcionamento futuro de todo o sistema da Segurança Social (a cargo, por exemplo, dos serviços da Segurança Social especialmente habilitados, como sejam os departamentos de estudo e planeamento e os Institutos de Gestão Financeira e da Capitalização da Segurança Social), ainda que sob a responsabilidade governamental. A utilidade da produção de um tal documento – que incorporasse, ainda que parcialmente, a "modelização" do *orçamento social* (isto é, centrada apenas no sistema de segurança social *tout court*) – seria dupla: (i) alicerçaria – de forma mais rigorosa do que actualmente sucede com o Relatório e com os elementos informativos que acompanham a proposta de Lei do OE –, as opções que anualmente estão subjacentes à apresentação do OSS, justificando-as melhor perante os deputados na Assembleia da República, e conferir-lhe-ia uma dimensão plurianual; (ii) o documento poderia ser utilizado como elemento de apoio das opções políticas, ajudando a explicar junto da opinião pública em geral e dos parceiros sociais em especial (*maxime* em sede de concertação social) a necessidade da adopção de certa e determinada medida, mesmo daquelas que fossem mais impopulares.

Esta via da *orçamentação social* procura, na verdade, conceder uma nova "legitimação" das decisões em matéria de protecção social e responsabilizar, de forma mais contundente, os governos que as tomem, exigindo-lhes que olhem não apenas para as suas consequências *imediatistas* e *mediáticas*, mas também para os efeitos no médio-longo prazo que elas poderão acarretar (mesmo junto das gerações que ainda estão para vir). É claro que tudo isto supõe um dado e uma condição que nem sempre são líquidos: que os governos em causa estejam convicta e genuinamente interessados em assegurar a preservação futura do sistema de segurança social e a sua pujança financeira e humana para responder às imprevisibilidades ditadas pela evolução das coisas.

BIBLIOGRAFIA

Araújo, José M. Correia de, *Financiamento dos Planos de Pensões – um modelo de simulação,* Tese de Mestrado (polic.), Universidade Nova de Lisboa, 1987.

Arrondel, Luc e outro, *Les transferts entre générations – L'État, le marché et les familles,* in Futuribles, n.º 247, Nov. 1999.

Aujac, Henri, *Deux instruments de programmation sociale – Le Bilan Social de la Nation, Le modèle à long terme de simulation économique et sociale,* in Revue d'Économie Politique, Ano 83, 1973.

Adão e Silva, Pedro, *O Estado Providência português num contexto europeu: elementos para uma reflexão,* in Sociedade e Trabalho, n.º 8/9, 2000.

Aproberts, Lucy, *Les retraites complémentaires; vers une définition des termes,* in Problèmes Économiques, n.º 2438, 1995.

Bagão Félix, António, *Vulnerabilidades do Estado Providência,* in Cadernos de Economia, Ano VIII, n.º 31, 1995.

Becker, G., *Family Economics and Macro Behavior,* in American Economic Review, Vol. 78, 1988.

Braz Teixeira, António, *Finanças Públicas e Direito Financeiro,* A.A.F.D.L., 1990.

Buiter, Willem H., *Generational Accounts, Aggregate Saving and Intergenerational Distribution,* in Economica, Vol. 64, Nov. 1997.

Comissão do Livro Branco da Segurança Social, *Livro Verde da Segurança Social,* Lisboa, 1997.

Comissão do Livro Branco da Segurança Social, *Livro Branco da Segurança Social,* Versão final, Janeiro de 1998.

Comissão das Comunidades Europeias, *Uma Estratégia Concertada de Modernização da Protecção Social,* COM (1999) 347, Julho, 1999.

Comissão das Comunidades Europeias, *Relatório sobre a Protecção Social na Europa 1999,* COM (2000), 163 final, Março, 2000.

Comissão das Comunidades Europeias, *Comunicação da Comissão ao Conselho, ao Parlamento Europeu, ao Comité Económico e Social e ao Comité das Regiões. Agenda para a Política Social,* COM (2000), 379 final, Junho, 2000.

Correia de Campos, António, *Solidariedade Sustentada – Reformar a Segurança Social,* Gradiva, 2000.

Costa Cabral, Nazaré da, *A Nova Lei de Bases do Sistema de Solidariedade e Segurança Social (Comentários às suas principais inovações),* in Cadernos de Política Social, n.º 2-3, 1999-2000.

COSTA CABRAL, Nazaré da, *O financiamento da Segurança Social e suas implicações redistributivas,* Associação Portuguesa de Segurança Social, 2001.
COSTA CABRAL, Nazaré da, *A Nova Lei de Bases do Sistema de Solidariedade e Segurança Social,* in *Estudos de Homenagem a Cunha Rodrigues,* Vol. II, Coimbra Ed., 2001.
COSTA CABRAL, Nazaré da, *O recurso ao crédito das autarquias locais portuguesas,* A.A.F.D.L., Lisboa, 2003.
COSTA OLIVEIRA, Arnaldo, *Fundos de Pensões, Estudo Jurídico,* Almedina, 2003.
COSTA SANTOS, Jorge (coord.), *Reforma da Lei do Enquadramento Orçamental,* Ministério das Finanças, 1998.
COSTA SANTOS, Jorge, *O enquadramento do Orçamento da Segurança Social,* in Seminário Direito da Segurança Social, Tribunal de Contas, 2000.
COUTINHO, Maria Manuela, *A Assistência Social em Portugal – 1965/1971: um período charneira,* APSS, 1999.
DAVID, Sofia, *Algumas reflexões sobre o direito à segurança social,* verbojuridico.net, Abril, 2002.
DUPREYROUX, Jean-Jacques, *Droit de la Sécurité Sociale,* 8.ª ed., Paris Dalloz, 1980.
FERNANDES FERREIRA, Rogério M., *Âmbito de Reserva de Lei Tributária – as contribuições para a Segurança Social,* UCP, 1988.
FERREIRO, Francisco Gómez, *El Fondo de Reserva de la Seguridad Social,* in Revista del Ministerio de Trabajo y Asuntos Sociales, 2001.
FERRERA, M. e outros, *The future of Social Europe – recasting work and welfare in the New Economy,* Celta ed., Ministério do Trabalho e da Solidariedade, Oeiras, 2000.
FERRO RODRIGUES, Eduardo, *Segurança Social,* in Enciclopédia de Economia, Principia (2.ª ed), 2001.
FITOUSSI, Jean-Paul, *O Debate-Tabu, Moeda, Europa, Pobreza,* Terramar, 1997.
FRICOTTÉ, Lisiane e outro, *La retraite assurance Arrco-Agirc, Retraite Supplémentaire,* in Liaisons Sociales, Dezembro, 2001.
GAUDEMET, Paul Marie, *Finances Publiques – Politique Financière, Budget et Trésor,* Précis Domat, 3.ª ed. 1977.
GAZIER, Bernard, *Prospective de la Sécurité Sociale: quelques jalons du point de vue économique,* in *Un siècle de protection sociale,* Comité d´Histoire de la Sécurité Sociale, Paris, 2001.
GONÇALVES, João, *Segurança Social em Portugal – uma avaliação da situação actual,* in *Portugal 1995-2000, Perspectivas de Evolução Social,* DEPP/MTS, Celta, 2002.
HAGEMEJER, Krzysztof e outros, *La budgétisation sociale dans les économies en transition,* in Revue Internationale de Sécurité Sociale, vol. 54, n.º 2-3, 2001.

HEMMING, Richard, *Les pensions de retraites publiques devraient-elles être capitalisées?*, in Revue Internationale de Sécurité Sociale, Vol. 52, n.º 2/99, 1999.
INSTITUTO DE INFORMÁTICA E ESTATÍSTICA DA SOLIDARIEDADE, *Séries Estatísticas da Segurança Social, 1990 – 1998*, 2.ª ed., 1998.
KOTLIKOFF, Laurence, *Social Security*, in The New Palgrave – The Dictionary of Economics, Vol. 4, MacMillan Press, 1987, p. 415 ss..
LEIRIA, Paulo e outro, *Princípios da reforma do sistema de segurança social*, in *A Reforma da Segurança Social – contributos para reflexão*, Celta Ed., Oeiras, 2000.
LÓPEZ, Maria Jesús S., *Los Presupuestos Generales del Estado para el 2001 y el Gasto Social*, in Revista del Ministerio de Trabajo y Asuntos Sociales, 2001.
MARVÃO PEREIRA, Alfredo, *Reforma do sistema de segurança social em Portugal*, in *Estratégias de Reforma do Estado Providência*, Forum de Administradores de Empresas, Lisboa, 1997.
MADUREIRA, Mário, *Planeamento Económico*, Ed. Aster, 1979.
MARQUES, Fernando, *Evolução e Problemas da Segurança Social em Portugal no após 25 de Abril*, Edições Cosmos, Lisboa, 1997.
MARQUES, Pedro (coord.), *A Sustentabilidade Financeira do Sistema de Solidariedade e Segurança Social*, Ministério do Trabalho e da Solidariedade, 2002.
MATH, Antoine e outro, *Les pensions en Europe: débats, acteurs et méthode*, in Revue Belge de Sécurité Sociale, 2e trimestre, 2001.
MATIAS, Álvaro, *Economia da Segurança Social – Teoria e Prática*, APSS, 1999.
MICHELET, Karine, *Protection sociale et contraintes économiques et monétaires européens*, in Droit Social, n.º 3, Mars, 2001.
MIDGLEY, James, *La sécurité sociale est-elle devenue sans objet?*, in Revue Internationale de Sécurité Sociale, Vol. 52, n.º 2/99, 1999.
MINISTÉRIO DA SOLIDARIEDADE E SEGURANÇA SOCIAL, *Segurança Social – Evolução recente*, 1992 a 1995, M.S.S.S., 1996.
MODIGLIANI, Franco, *The role of intergenerational transfers and life cycle saving in the accumulation of wealth*, in Journal of Economic Perspectives, Vol. 2, n.º 2, 1988.
NEVES, Ilídio das, *Direito da Segurança Social – princípios fundamentais numa análise prospectiva*, Coimbra Editora, 1996.
NEVES, Ilídio das, *Crise e reforma da Segurança Social, Equívocos e Realidades*, ed. Chambel, 1998.
NEVES, Ilídio das, *Lei de Bases da Segurança Social, Comentada e Anotada*, Coimbra Ed., 2003.
NOGUÉS, Henry, *La protection sociale à l'épreuve de l'évolution démographique*, in *Un siècle de protection sociale*, Comité d'Histoire de la Sécurité Sociale, Paris, 2001.

OCDE, *Managing Public Expenditure – A reference book for transition countries,* 2001.

OLSON, Mancur, *The Logic of Collective Action – Public Goods and the Theory of Groups,* Harvard University Press, Cambridge, 1965.

PAZ FERREIRA, Eduardo M. Hintze da, *Da dívida pública e das garantias dos credores do Estado,* Almedina, 1995.

PELLET, Rémi, *Étatisation, fiscalisation et budgétisation de la Sécurité Sociale,* in Droit Social, n.º 3, 1995.

PEREIRA DA SILVA, Carlos, *Reforma da Segurança Social: os regimes complementares e o reforço da sustentabilidade financeira do regime público,* in Sociedade e Trabalho, Maio, 1998.

PEYA, Juan Viñas, *El presupuesto de la Seguridad Social: problematica,* in Presupuesto y Gasto Publico, n.º 17, 1983.

POVIE, Lydia, *Vers la Globalisation de la Politique Sociale Européenne: Une tendance soutenue par l'horizontalité de politiques communautaires spécifiques,* in Revue Belge de Sécurité Sociale, 2e trimestre, 2001.

PRÉEL, Bernard, *Solidarité entre générations et solidarité de génération,* in Informations Sociales, n.º 96.

PRÉTOT, Xavier, *Le droit à la sécurité sociale,* in *Un siècle de protection sociale en Europe,* Comité d´Histoire de la Sécurité Sociale, Paris, 2001.

QUELHAS, Ana Paula Santos, *A Refundação do papel do Estado nas Políticas Sociais,* Almedina, 2001.

RABANAL, Maria Concepcion Gonzalez, *Los problemas de la Seguridad Social española,* Ed. Tecnos, Madrid, 1990.

RAWLS, John, *Uma Teoria da Justiça,* Ed. Presença, Fundamentos, Lisboa, 1993.

RECHSTEINER, Rudolf, *Les concepts néoliberaux et leurs conséquences,* in Sécurité Sociale 3/2000 (Dossier: *Le néoliberalisme et l'État Social*), 2000.

REYNAUD, Emmanuel, *Les retraites dans l'Union Européenne: adaptation aux évolutions économiques et sociales,* in Revue Internationale de Sécurité Sociale, Vol. 51, n.º 1/98, 1998.

ROBINSON, A. Haeworth, *The coming revolution in Social Security,* Reston Virginia, 1981.

ROCHÈRE, Jacqueline D. de la, *Le Budget Social de la Nation,* in Revue de Science Financière, 1968.

SAINT-JOURS, Yves, *Les retraites supplémentaires par capitalisation: côté pile et côté face,* in Droit Social, n.º 6, 1996.

SÉRVULO CORREIA, J.M., *Teoria da Segurança Social,* Instituto de Estudos Sociais, Lisboa, 1967/68.

SHOLZ, Wolfgang e outros, *Social Budgeting,* International Labour Office, Geneva, 2000.

SOARES MARTINEZ, Pedro, *Economia Política*, Almedina, 1989.
SOUSA FRANCO, António L. de, *Finanças do Sector Público – Introdução aos Subsectores institucionais*, A.A.F.D.L., 1991.
SOUSA FRANCO, António L. de, *Finanças Públicas e Direito Financeiro*, Vol. I, Almedina, 1996.
SOUSA FRANCO, António L. de, *Relatório sobre as Medidas para uma Política Sustentável de Estabilidade e Controlo da Despesa Pública* (polic.), Lisboa, 2002.
SOUSA SANTOS, Boaventura e outros, *Uma visão alternativa da reforma da segurança social: o modelo social europeu e os seus desafios* (Declaração Final), in *Livro Branco da Segurança Social*, 1998.
STIGLITZ, Joseph, *La economía del sector publico*, 2.ª ed., Antoni Bosch (ed. en castellano), 1995.
THOMPSON, Laurence, *Older and Wiser: the Economics of Public Pensions*, The Urban Institute Press, 1998.
VIEIRA DE ANDRADE, José C., *Os direitos fundamentais na Constituição de 1976*, Almedina, Coimbra, 1987.
THE WORLD BANK, *Averting the Old Age Crisis, Policies to Protect the Old*, 1994.

ÍNDICE

Nota Prévia 7

Lista de Abreviaturas 9

Introdução 11

PARTE I – O ORÇAMENTO DA SEGURANÇA SOCIAL 15
1. Noção 17
2. A organização do Orçamento da Segurança Social; a especificação das receitas e despesas com a protecção social 22
   2.1. A situação até 2001 22
   2.2. A situação após 2001 25
      2.2.1. A Lei de Enquadramento Orçamental 25
      2.2.2. A Lei de Bases da Segurança Social; dificuldades de compatibilização e propostas de superação 29

PARTE II – A SITUAÇÃO FINANCEIRA DA SEGURANÇA SOCIAL 37
1. O equilíbrio do OSS 39
   1.1. A noção de equilíbrio do OSS 39
   1.2. A sustentabilidade financeira enquanto expressão do equilíbrio orçamental 47
   1.3. A dívida pública implícita – que virtude e que utilidade? 54
2. Caracterização genérica da situação financeira da Segurança Social portuguesa 63
   2.1. A evolução verificada na última década 63
   2.2. Cenários prospectivos 71
      2.1.1. Os cenários do Livro Branco da Segurança Social 71
      2.1.2. Os cenários da Equipa Técnica para os Aspectos do Financiamento da Segurança Social do Ministério do Trabalho e da Solidariedade 73
3. Algumas respostas e seu impacto financeiro previsível 77
   3.1. As novas regras de cálculo das pensões de reforma 77
   3.2. A anunciada introdução do tecto superior contributivo 85

3.2.1. Questões prévias – contexto e enquadramento legal... 85
3.2.2. A concretização do tecto superior contributivo 94

PARTE III – O ORÇAMENTO DA SEGURANÇA SOCIAL E A SUA INCOMPLETA ADEQUAÇÃO À SITUAÇÃO FINANCEIRA DA SEGURANÇA SOCIAL 107
1. A anualidade do orçamento e o carácter plurianual da situação financeira da Segurança Social – tentativas de compatibilização na legislação actual 109
2. A necessidade de uma melhor compreensão e enquadramento da situação financeira da Segurança Social.. 117
   2.1. A *orçamentação social* – antecedentes... 117
   2.2. A proposta de Scholz e o modelo da OIT de *orçamentação social* 119

Conclusões 129

Bibliografia 137